KB212551

★ 무조건 성공하는 ★
온라인
유통&마케팅

무조건 성공하는 온라인 유통&마케팅

초판 1쇄 발행 | 2019년 11월 28일
초판 4쇄 발행 | 2021년 1월 5일

2판 1쇄 인쇄 | 2024년 11월 5일
2판 1쇄 발행 | 2024년 11월 10일

지은이 | 김태호
발행인 | 안유석
책임편집 | 고병찬
디자이너 | 권수정
펴낸곳 | 처음북스
출판등록 | 2011년 1월 12일 제2011-000009호
주소 | 서울 강남구 강남대로 374 스파크플러스 강남 6호점 B229호
전화 | 070-7018-8812
팩스 | 02-6280-3032
이메일 | cheombooks@cheom.net
홈페이지 | www.cheombooks.net
인스타그램 | @cheombooks
페이스북 | www.facebook.com/cheombooks
ISBN | 979-11-7022-292-7 03320

* 잘못된 책은 구매하신 곳에서 바꾸어 드립니다.
* 책값은 표지 뒷면에 있습니다.
* 이 책에는 프리텐다드, 본고딕, SUIT-수트체가 적용되어 있습니다.
* 본 책은 『3개월 내 99% 성공하는 실전 온라인 유통 마케팅 』의 전면 개정판입니다.

무조건 성공하는

온라인 유통 & 마케팅

유노연 지음

처음북스

실전 경험과 노하우로 배우는
성공 전략

●●● 　　　우리가 상품을 사고팔 때, 과거에는 오프라인에서 거래했지만 이제 대부분의 거래가 온라인에서 이루어진다. 이에 따라 온라인 유통과 마케팅의 중요성이 날로 커지고, 온라인 마케팅 지식의 필요성 또한 더욱 강조되고 있다. 빠르게 변화하는 시대에서 온라인 유통과 마케팅은 단순한 홍보를 넘어 비즈니스 성공의 핵심 요소가 되었다.

이에 발맞추어 『3개월 내에 99% 성공하는 실전 온라인 유통 마케팅』을 최신 트렌드에 맞게 전면 개정하여, 『무조건 성공하는 온라인 유통 & 마케팅』이라는 이름으로 새롭게 출간하게 되었다. 이번 개정판에는 급변하는 온라인 유통 환경을 더욱 깊이 있게 반영하였다. 과거에만 통용되었던, 지금은 사장 되어버린 플랫폼 내용은 과감하게 덜어냈고, 독자들이 실무에 바로 사용할 수 있는 실용적이고 구체적인 내용들은 보강했다. 이번 개정을 통해 단순히 표지나 디자인만 바꾼 판본이 아니라 실전에서 꼭 필요한 정보를 담은 실무 가이드로서의 가치를 지키고 싶었다.

이번 개정 과정에서는 많은 독자들의 요청과 '유통 노하우 연구회(이하 유노연)'의 피드백을 적극 반영하였다. 특히 온라인 유통에 관한 최신 정보를 다양하게 담아 독자가 온라인 유통을 쉽게 이해할 수 있도록 힘썼다. 실무에서 바로 활용할 수 있는 지침도 새로이 업데이트해, 변화하는 유통 시장에서 효과적인 전략을 수립하고 성공적인 결과를 얻도록 돕고자 했다.

흔히 '좋은 상품이 잘 팔리는 것이 아니라, 잘 팔리는 상품이 좋은 상품이다'라는 말을 한다. 이는 유통과 마케팅을 얼마나 잘 하느냐가 상품의 성공 여부를 좌우한다는 뜻이다. 최근 출시되는 상품 중 품질이 뛰어난 것들이 많지만, 시장 반응은 기대에 못 미치는 경우가 허다하다. 이는 성공의 열쇠가 판매자의 유통 마케팅 능력에 달려 있기 때문이다. 대형 오프라인 유통업체조차 온라인과 모바일 유통에 집중하는 지금, 온라인 유통 마케팅은 선택이 아닌 필수다. 이 책을 집어 든 당신도 아마 온라인 스토어를 시작하려 하거나 고려 중일 가능성이 크다. 그렇다면 온라인 유통과 마케팅에 대해 얼마나 알고 있으며, 이를 효과적으로 활용할 전략은 무엇인가?

온라인 유통과 마케팅을 배우는 것은 이제 유익함을 넘어 필수 과정이 되었다. 상품이나 서비스가 더 넓은 시장에 효율적으로 도달하도록 돕는 온라인 유통의 기본을 확립하는 것이 무엇보다 중요하다. 필자 역시 이러한 학습의 필요성을 인식하며, 최신 정보를 얻기 위해 강의와 세미나에 적극 참여하고 있다. 온라인 시장은 끊임없이 변하기 때문에, 우리는 스스로 인사이트를 기르고, 아웃사이트 확보에 노력해야 한다. 이러한 경험이야말로 온라인 유통 시장에서 생존할 무기가 될 것이다.

이 책은 온라인 유통 마케팅의 본질과 핵심을 다각도로 잘 담아냈지만, 방대한 온라인 유통의 모든 주제를 단 한 권으로 완벽히 다루기에는 한계가 있을 수밖에 없다. 이에 이번 개정판과 함께 30시간에 걸친 85강의 심화 강의를 '온라인 유통 사관학교'에서 제공한다. 이 강의는 책에서 다루지 못한 심화 내용을 보완해, 독자가 책과 강의를 병행하며 각자의 상황에 맞는 전략을 창의적으로 응용할 수 있게 돕는다. 특히 실무와 사례 중심의 강의로, 독자가 책 내용을 더 깊이 이해하고 실제 비즈니스 상황에서 활용할 수 있도록 지원한다.

이번 개정판이 독자들에게 실질적인 문제 해결 가이드가 되기를 바라며, 변화하는 시대에 맞춘 길잡이로 평가되기를 기대한다. 필요한 부분은 두세 번 정독해 실전에서 활용하기를 권한다. 빠

무조건 성공하는 온라인 유통&마케팅

르게 변화하는 온라인 유통 환경에서 홀로 싸우는 일이란 쉽지 않다. 내가 그 길을 먼저 걸어 보고, 유통 노하우 연구소를 운영하며 많은 고충 상담을 해봐서 더욱 잘 안다. 이 책이 당신의 든든한 조력자가 되고, 새로운 영감을 줄 중요한 계기가 되기를 바란다.

자, 이제 최신 온라인 유통 마케팅의 세계로 함께 발을 내디뎌 보자.

－유노연

< 차례 >

PART
01

왜 온라인
유통인가?

CHAPTER 01

최근 유통 시장
트렌드

●●●　　　요즘도 오프라인 유통의 미래
가 밝다고 말하는 사람을 본 적 있는가? 유통을 전
혀 모르는 일반인조차 온라인 유통이 대세라는 사
실을 알고 있다. 유통업계에서 오프라인 유통을
어쩌고저쩌고 말하는 사람들은 시대에 뒤처진 사

오프라인 공룡, 매
출 줄고 사상 첫 적
자 … 쿠팡에 '유
통제왕' 내줘

람으로 여겨지는 경향이 있다. 물론 오프라인 유통이 전체적인 규
모에서는 온라인 유통에 밀리지는 않지만, 매년 매출이 감소하고
있으며 온라인 유통에 빠르게 매출을 빼앗기고 있다는 것은 누구
도 부인할 수 없는 사실이다.

　　유통에 문외한인 일반인이라도 위와 같은 뉴스는 전혀 새롭지

않을 것이다. 이미 전통적인 오프라인 유통 대기업인 롯데와 신세계도 오프라인 유통의 한계를 인식하고 온라인 유통에 역량을 집중하고 있다. 필자가 근무했던 롯데쇼핑도 온라인·모바일 유통에 인력, 비용, 시스템 투자를 집중하며 사활을 걸고 있지만, 오프라인 유통업체의 강한 DNA로 인해 온라인 유통에서의 성과는 부진한 상태다. 오프라인 유통에 근무하는 사람들은 온라인·모바일에서 밀리면 3~5년 후 회사의 생존을 장담할 수 없다는 사실을 잘 알고 있다. 필자가 15년 전 유통업체 MD로 근무하던 시절, 온라인 유통에서 두각을 나타내던 업체들이 신규 입점 상담을 해도 무심했던 태도를 떠올리면, 변화의 속도에 격세지감을 느낀다. 그때

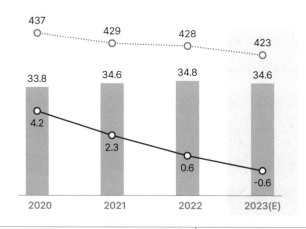

[그림 1-1] 대형마트 연도별 매출액 및 점포 수 추이(출처: 리테일매거진, 통계청)

무조건 성공하는 온라인 유통&마케팅

미래를 내다보고 온라인 유통을 선점한 업체들은 지금 해당 카테고리에서 강자로 자리 잡았다.

우리가 흔히 '꿈의 유통'이라 부르는 오프라인 대형마트의 현실을 보면, 왜 온라인 유통으로 전환해야 하는지 이해할 수 있을 것이다.

유통업체의 점포 수는 계속 줄어들고 있으며, 2023년에는 매출이 역신장했다. 특히 이 실적에는 각 대형마트의 온라인몰 실적이 포함되어 있음을 고려하면, 순수 오프라인 유통 부문은 이미 수년 전부터 매출 감소가 심화되고 있다. 이 하향세는 해가 갈수록 더 심각해질 것이다. 이런 이유로 대형 유통업체들은 오프라인 점포 출점을 거의 하지 않으며, 기존 점포도 수익이 나지 않는 곳을 중심으로 폐점하고 있다. 이마트는 2024년에 천안 펜타포트점과 서울 상봉점의 영업을 종료했다. 홈플러스도 2024년에 4개 매장을 접고, 2025년 말에는 안산선부점, 2026년 상반기에는 동청주점을 폐점할 계획이다.

백화점 업계도 다르지 않다. 롯데백화점은 2024년 6월 마산점 영업을 종료했다. 1996년 대우백화점으로 문을 열어 2015년 롯데에 인수된 후 매출 부진을 겪던 마산점은 결국 역사 속으로 사라졌다. 2024년 5월에는 NC백화점 부산 서면점도 폐점했다. 현재 운영 중인 점포들도 대부분 오프라인 경기가 그나마 좋았던 시절에 계약된 곳들이라 어쩔 수 없이 운영 중이지만, 손실을 감수하고 계약을 해지하는 경우도 많다.

이미 쇠퇴 길에 들어선 대형마트들은 매장 폐점과 대대적 리뉴얼을 통해 실적 회복을 꾀하고 있으나, 효과는 미미하다. 이에 따라 모든 업체가 온라인 유통에 엄청난 투자를 하고 있으며, 기존 온라인 유통 강자들과의 경쟁은 갈수록 치열해지고 있다.

그렇다면 온라인 유통의 현실은 어떨까? 아래의 연도별 온라인 쇼핑 시장 규모 표를 보면 전체적인 온라인 유통 트렌드를 짐작할 수 있다.

온라인 유통의 경우 역신장 트렌드인 오프라인 유통과 대조적으로 높은 매출 신장을 하고 있으며 게다가 매출 규모도 큰 모바일 유통의 경우는 매년 엄청난 고신장을 하고 있다. 향후 모바일 시장은 더욱 확대될 것으로 생각되기 때문에 이런 트렌드는 계속 지속될 것이며 2023년에는 전체 온라인 쇼핑 중 모바일 쇼핑의 비중은 74%로 이미 70%를 훌쩍 넘어섰다. 40대 중반 이상인 분들은 온라인 쇼핑하면 G마켓, 옥션, 11번가 같은 데서 PC로 구매하는 것을 생각하고 계시는 분들이 많겠지만 지금 현실은 오픈마켓, 종합몰, 전문몰, SNS 공동구매, 모바일앱 등에서 핸드폰을 이용해서 바로 손쉽게 온라인 쇼핑을 하는 것이 대세이다. 그렇기 때문에 온라인 유통 중에서도 모바일 쇼핑에 대한 관심을 적극적으로 기울여야 한다.

취급 상품 범위	2017년	2018년	2019년	2020년	2021년	2022년	2023년
종합몰	63.0	75.7	89.1	108.8	123.9	132.8	141.0
		20.3%	17.7%	22.1%	13.8%	7.2%	6.2%
전문몰	31.2	37.6	47.5	49.5	66.4	78.4	87.9
		20.3%	26.4%	4.2%	34.1%	18.0%	12.2%
계 (전년대비신장)	94.2	113.3	136.6	158.3	190.2	211.1	228.9
		20.3%	20.6%	15.9%	20.2%	11.0%	8.4%

출처: KOSIS 국가통계포털

쿠팡의 독주 & 네이버쇼핑 2등 굳히기

2021년까지만 해도 국내 이커머스 1위는 네이버쇼핑이었다. 2위 자리를 두고 쿠팡, G마켓/옥션, 11번가가 치열하게 경쟁했으나, 1위인 네이버쇼핑과 2위 업체들 간의 차이는 상당했다. 그러나 2020년부터 로켓배송을 기반으로 한 막대한 물류 투자와 차별화된 서비스로 성장한 쿠팡이, 코로나 팬데믹을 계기로 급속히 확장하며 2023년에는 이마트, 롯데쇼핑, 네이버쇼핑을 제치고 1위 유통 업체로 올라섰다.

네이버쇼핑은 가격 비교 검색을 무기로 오픈마켓, 종합몰, 전문몰을 입점시키고, 매출 발생 시 수수료를 받는 구조를 취하고 있다. 이 구조 덕에 네이버쇼핑을 대체할 플랫폼이 나타나기 쉽지 않다. 코로나 초기에는 거래액 기준 네이버쇼핑이 1위, 쿠팡이 2위였으나, 코로나 종식 이후 1위 자리를 쿠팡에게 내주었다. 쿠팡의 로켓배송, 로켓프레시, 로켓와우 멤버십은 폭발적인 반응을 이끌며 지속적인 성장이 예상되고, 네이버쇼핑과의 격차도 더 벌어질 전망이다.

네이버쇼핑 역시 쇼핑라이브 활성화와 물류 강화를 위해 CJ 대한통운, 신세계와 손잡고 빠른 배송 시장에 뛰어들고 있으나, 쿠팡을 따라잡기에는 여전히 어려움이 크다. 다만, 신세계연합 G마켓/옥션/SSG닷컴, 11번가와는 확실한 차이를 유지하며 2위 자리를 지킬 가능성이 크다. 앞으로 이커머스 시장에서 쿠팡과 네이버쇼핑의 양강

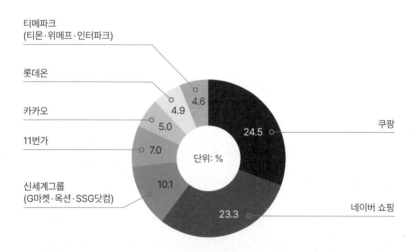

[그림 1-2] 2022년 전체 국내 온라인쇼핑 업체별 거래액 구성비 (출처: 공정거래위원회)

　　　　　　　무조건 성공하는 온라인 유통&마케팅

구도는 더욱 심화될 것으로 보인다.

신세계 SSG닷컴이 2021년 G마켓/옥션을 인수해 이커머스 3위 업체가 되었으나, 여전히 네이버쇼핑과 쿠팡에 비해 큰 격차를 보인다. 2022년 SSG닷컴+G마켓/옥션의 합계 거래액은 15.2조 원, 4위 업체인 11번가는 10.5조 원인데, 쿠팡은 36.8조 원, 네이버쇼핑은 35.0조 원이었다. 3위와 4위 업체의 거래액 성장률을 볼 때, 특별한 변화가 없는 한 쿠팡과 네이버쇼핑을 따라잡기는 어려울 것으로 보인다.

뚜렷한 경쟁력을 가지지 못한 기타 오픈마켓과 종합몰 등 전통적인 이커머스 강자들은 하향세를 지속할 가능성이 크다. 특히 이들이 자체몰에서의 매출을 올리지 못하고 네이버쇼핑에서 발생하는 매출에 의존하는 한, 미래는 더욱 암울할 수 있다. 네이버쇼핑에서 최저가를 차지해야만 매출이 발생하는 구조 때문에, 각 쇼핑

[그림 1-3] 네이버쇼핑에서 각 쇼핑몰들의 최저가 경쟁(출처: 네이버쇼핑 홈페이지)

몰은 경쟁적으로 막대한 비용을 들여 쿠폰을 제공하고 있으며, 이는 쇼핑몰 적자 증가의 주요 원인으로 작용하고 있다.

대형 쇼핑몰 간 경쟁에서 유료 멤버십 고객 확보는 중요한 요소로 떠오르고 있다. 경쟁이 치열해지면서 유료 멤버십 고객의 매출이 크게 증가하고, 타 플랫폼으로의 이탈을 막는 데 효과적이기 때문에 각 쇼핑몰은 유료 멤버십 모집에 사활을 걸고 있다. 쿠팡과 네이버가 이커머스 시장의 양강 구도를 형성하는 데에도 충성 멤버십 고객의 역할이 매우 크다.

2024년 8월 기준, 이커머스 업계 주요 4개 유료 멤버십을 보면, 쿠팡 로켓와우가 1,400만 명의 회원으로 압도적 1위를 차지하고 있으며, 네이버 플러스 멤버십과 SSG닷컴/G마켓의 신세계 유니버스클럽이 그 뒤를 따르고 있다. 반복 구매 유도와 객단가 상승을 위해 유료 멤버십을 통한 충성 고객 확보는 필수적이며, 적자 경쟁이 심화된 이커머스 시장에서 수익성 개선을 위한 핵심 전략으로도 유료 멤버십이 강조되고 있다.

쿠팡은 활성 고객 2,150만 명 중 약 65%가 로켓와우 회원으로, 이를 계속 확대할 계획이다. '로켓와우'는 월 7,890원에 무제한 무료 로켓배송, 30일 무료 반품, 로켓프레시 상품 무료 배송, 새벽/당일/로켓직구 무료 배송, 전용 할인가, 무제한 쿠팡플레이OTT 시청 등 다양한 혜택을 제공한다.

2위 업체인 네이버는 파트너사와 협력해 네이버페이 5% 적립 혜택 등을 내세워 월 4,900원의 유료 멤버십을 운영하고 있으며, 결제 시 네이버 웹툰, 티빙, 스포티비 나우 등 미디어 콘텐츠OTT를 이용할 수 있다. 네이버에서는 스마트스토어 전체 거래액의 40% 가 멤버십을 통해 발생하고 있다.

카테고리 전문몰(버티컬 커머스) 활성화

쿠팡의 급성장과 기존 오픈마켓, 종합몰의 하락 속에서 눈에 띄는 것은 '무신사', '오늘의집', '마켓컬리', '오아시스마켓', '당근마켓' 등 이른바 '카테고리 전문몰', 즉 버티컬 커머스 플랫폼이다. 다양한 상품을 저렴하게 빠르게 구매할 수 있는 온라인 쇼핑 채널은 점차 쿠팡과 네이버쇼핑으로 집중되고 있으며, 동시에 특화된 카테고리에서 마니아층을 확보한 전문몰들이 급성장하고 있다.

코로나 시기에는 외출이 제한되고 집에서 보내는 시간이 늘어나면서, 식품 및 인테리어 관련 전문몰들이 폭발적으로 성장했다. 종합 대형 쇼핑몰들은 모든 카테고리를 다루어 매출 확대에 유리하지만, 쿠팡 같은 강자들과 경쟁하기에는 한계가 있다. 그 결과 투자비가 적고 경쟁이 덜한 카테고리 전문몰들이 빠르게 증가하고 있다.

이러한 카테고리 전문몰들은 대형 쇼핑몰과 달리 특정 카테고리의 마니아층을 타깃으로 하여, 그들이 원하는 깊고 다양한 상품 구성과 콘텐츠, 커뮤니티, 브랜드 기반의 서비스를 제공한다. 틈새시장을 겨냥한 전문몰이지만, 일부 대형화된 전문몰은 매출이 '조' 단위를 넘어서며 대형 쇼핑몰과의 격차를 줄이고 있다.

2023년 패션 전문몰 무신사의 거래액은 4조 원, 식품 전문몰 마켓컬리는 2조 8천억 원, 인테리어 전문몰 오늘의집은 2024년 8월 기준 누적 거래액 5조 원을 돌파했다. 또한, 당근마켓은 2021년 8월 벤처캐피털로부터 1,789억 원을 투자받으며 기업가치 3조 원을 평가받았다.

"나도 이렇게 집 꾸밀래" 3000만 명 홀리더니⋯연 매출 2400억 찍었다

내가 좋은 상품을 가지고 있다면 공략할 수 있는 유통 채널들은 이렇게나 많이 있다. 관심을 가지고 찾아보면 유통 채널들이 너무 많아서 도리어 공략할 채널을 선별해야 하는 상황이다.

온라인 유통 채널	오픈 마켓, 종합몰(종합쇼핑몰), 전문몰, 복지몰, 홈쇼핑, 도매몰, SNS 공동구매, 네이버커머스, 카카오커머스
오프라인 유통 채널	백화점, 할인점, 기업형 슈퍼마켓, 편의점, 헬스&뷰티 스토어, 카테고리 전문몰, 하드디스카운트 스토어

CHAPTER 02

온라인 유통의
과거, 현재, 미래

●●●　　　　　국내 온라인 유통의 현재와 미래를 논하기 전
에 그 역사를 살펴볼 필요가 있다. 1996년, 인터넷이 대중화되면
서 국내 최초의 온라인 쇼핑몰인 인터파크가 등장했다. 이를 계기
로 롯데, 신세계, 삼성 등 대기업도 온라인 쇼핑몰을 론칭했지만,
당시에는 규모가 작고 인식도 낮았다. 이 시점부터 본격적으로 이
커머스가 도입되며 벤처기업과 대기업 중심의 초기 온라인 유통
시장이 형성되었다.

　이후 도서 전문 쇼핑몰 YES24와 영화 예매 사이트 Maxmovie
같은 전문몰이 등장하며 시장이 확장되었다. 1997년 옥션은 경매
방식을 도입하며 온라인 쇼핑의 새로운 장을 열었고, 개인 판매자

들이 상품을 등록해 판매하는 오픈마켓 구조로 현재 오픈마켓 모델의 시초가 되었다. 이후 G마켓은 동대문 패션을 중심으로 성장하며 옥션과 차별화에 성공했다.

1999년을 전후로 정부의 초고속 인터넷망 확산과 PC 보급 정책 덕에 온라인 유통 인프라가 급성장했다. 옥션은 2001년 이베이에 인수되었고, 2009년 G마켓도 이베이가 인수하면서 두 플랫폼은 통합되었다. 2008년에는 SK그룹의 11번가가 출범해

국내 최초의 온라인 쇼핑몰이었으나 2024년 몰락한 인터파크 쇼핑몰

G마켓, 옥션과 경쟁하게 되었고, 2021년 신세계가 이베이로부터 G마켓과 옥션을 인수했으나 실적 부진을 겪고 있다. 11번가는 여전히 중요한 위치를 차지하고 있지만 수익성 문제로 어려움을 겪고 있다. 인터파크는 2023년 큐텐에 인수되었지만, 모기업의 자금난으로 2024년 8월에 기업 회생 절차에 들어갔다.

2000년대 초반 싸이월드와 네이버 블로그의 인기로 인해 개인 독립형 쇼핑몰과 카페24, 고도몰, 메이크샵을 활용한 개인 임대형 쇼핑몰들이 급증했다. '스타일난다' 역시 이 시기에 탄생했고, 국내 최초의 구매 대행 사이트인 위즈위드도 등장했다. 하지만 구매 대행 사이트들은 이후 해외 직구로 대체되었다. 오픈마켓과 개인 쇼핑몰의 성장 속에서 대기업 종합몰들은 홈쇼핑과 제휴해 경쟁력을 강화했다. 현대몰, CJ몰, 롯데종합몰 등은 계열사 제휴를 통해 매출을 확대하고 확실한 포지셔닝을 구축했다.

무조건 성공하는 온라인 유통&마케팅

2005년 네이버가 '지식쇼핑'을 시작하면서 가격 비교 분야를 장악했다. 기존에 다나와 등 다양한 가격 비교 사이트가 있었지만, 네이버의 막강한 플랫폼 영향력으로 이 분야를 평정하게 되었다. 네이버의 영향력은 이후 국내 온라인 유통 시장을 장악하며, 지금도 네이버쇼핑을 제외한 대부분의 유통업체는 네이버에 의존하고 있다.

모바일 유통의 도약과 SNS 공동구매의 인기

아이폰이 2010년 국내에 도입되면서 모바일 기반의 소셜커머스가 유행하기 시작했다. 티켓몬스터, 쿠팡, 위메프 등이 등장해 기존 유통업체들을 위협하며 급성장했지만, 이후 수익성 문제로 티몬과 위메프는 2024년 기업 회생을 신청했다. 반면, 쿠팡은 소셜커머스를 벗어나 로켓배송과 차별화된 서비스를 통해 폭발적인 성장을 이루며 국내 1위 업체로 자리 잡았다.

소셜커머스는 모바일 유통의 전환을 촉진시켰다. 2015년을 기점으로 모바일 쇼핑이 급성장했고, 대형 유통업체들도 모바일 앱을 개발해 새로운 트렌드에 발맞추고 있다. 모바일 환경에서는 '딜' 방식의 프로모션이 유리하며, 앞으로도 이 방

소셜커머스로 출발해 국내 전체쇼핑몰 1등에 등극한 쿠팡과 실적부진으로 몰락한 티몬

식이 모바일 쇼핑의 주류가 될 것이다.

2013년 페이스북, 트위터 등 SNS가 국내에서 인기를 끌면서, 카카오스토리 채널과 네이버밴드 공동구매가 시작되어 2015년까지 큰 인기를 끌었다. 2015년에는 카카오스토리 공동구매 상위 23개 업체가 약 2,000억 원의 매출을 기록했지만, 카카오스토리의 하향세와 게시물 도달률 조정으로 인해 쇠락의 길을 걷고 있다. 네이버밴드도 인기가 줄어들며 공동구매 매출이 하락했지만, 중소기업 상품의 틈새 채널로서 여전히 기능하고 있다. 그러나 전성기 대비 매출은 1/10 수준으로 줄었고, 다른 공동구매 채널들이 속속 등장하면서 미래는 밝지 않다. 카카오스토리와 네이버밴드 공동구매는 인스타그램과 모바일 앱 공동구매에 밀리고 있으며, 올웨이즈, 심쿵할인, 할인중독 같은 앱들은 회원 수가 500만 명을 넘어서며 독자적인 판매를 이어가고 있다.

국내 이커머스의 독보적 강자: 네이버와 쿠팡

우리나라 온라인 유통에서 네이버는 거대한 영향을 미치고 있다. 네이버의 가격 비교 시스템은 유통인들에게 큰 영향을 주며, 최저가를 제공할 수 있는 소수에게 혜택을 주는 반면 다수에게는 좌절감을 안겨 준다. 네이버쇼핑은 많은 오픈마켓, 종합몰, 전문몰이 입점해 있어, 특정 상품을 검색하면 다양한 몰들이 모두 노출된다. 2014년 네이버는 '샵엔'이라는 플랫폼을 통해 본격적으로 유통시장에 뛰어들었으며, 2018년 스마트스토어로 진화해 큰 인기를 끌고 있다. 현재 네이버의 영향력은 더욱 커지고 있으며, 오픈마켓과 종합몰도 네이버에 대한 의존도가 커지고 있다. 네이버는 판매 수수료가 아닌 쇼핑 플랫폼 장악을 목표로 하고 있으며, 그 성공을 거두고 있다.

쿠팡이 코로나 팬데믹 동안 급성장하기 전까지 네이버는 이커머스 1위였지만, 지금은 2위로 내려갔다. 네이버쇼핑은 앞으로도 성장을 계속할 것으로 예상된다. 최근 모바일 SNS 기반의 판매도 성장하고 있으며, 카카오커머스가 대표적이다. 카카오는 선물하기, 메이커스, 카카오쇼핑 등 다양한 채널을 통해 이커머스에서 5위까지 올랐다. 카카오커머스는 쿠팡, 네이버의 독주를 막을 유일한 경쟁자로 주목받고 있다.

온라인 유통의 미래와 글로벌 경쟁

한편, 해외 오픈마켓과 구매 대행 시장도 크게 성장하고 있다. 해외 오픈마켓 접근성이 좋아지면서, 해외 직구와 역으로 국내 상품의 해외 판매가 활발해지고 있다. 전문몰 역시 부상 중이다. 텐

바이텐, 마켓컬리, 오아시스마켓 같은 신선식품 전문몰, 얼리어답터몰 등이 다양한 소비자의 요구를 충족하며 성장하고 있다. 크라우드 펀딩도 새로운 유통 채널로 자리 잡았다. 신상품 론칭 시 크라우드 펀딩을 통해 미리 매출을 확보하고 자금을 마련할 수 있어 많은 중소기업들이 이 방식을 활용하고 있다.

또한, 2023년부터 중국의 알리익스프레스와 테무 같은 C커머스가 급성장하며 국내 이커머스 업계에 큰 위협을 주고 있다. 이들은 저렴한 가격, 무료 배송, 빠른 배송으로 고객들을 끌어들이고 있으며, 향후 국내 창고를 통해 익일 배송을 도입할 가능성도 점쳐지고 있다. 알리익스프레스는 현재 한국 판매자들의 입점을 받고 있으며, K-venue라는 섹션에서 노출시켜 주고 있다.

국내 이커머스에서 태풍의 눈으로 부상한 중국직구 플랫폼 알리익스프레스, 테무

온·오프라인 유통의 경계가 사라지면서, 오프라인 유통에만 의존하던 업체들도 온라인으로 발길을 돌리고 있다. 오프라인에만 머물러서는 미래를 보장할 수 없다는 것은 누구나 알 수 있는 사실이다. 롯데, 신세계, 홈플러스 같은 전통적인 오프라인 강자들도 온라인에 대규모 투자를 하고 있으며, 규모가 작은 업체나 개인도 온라인으로 진입하고 있다. 특히 신규 사업자들은 진입장벽이 낮고 적은 투자로 시작할 수 있는 온라인 유통에 먼저 도전하고, 이후 오프라인으로 확장해 나가는 추세다.

새로운 유통 채널이 끊임없이 생겨나는 점도 주목할 만하다. 과거에는 할인점, 백화점, 홈쇼핑, 오픈마켓 등이 주류였지만, 지금은 온·오프라인을 막론하고 다양한 판매 채널이 존재한다. 이는 긍정적이지만, 한편으로는 각 채널에서 나오는 매출이 과거보다 적어졌다는 점에서 단점이 될 수도 있다. 유통 채널들이 수시로 변하기 때문에 특정 채널에만 의존하면 위험할 수 있다. 여러 채널을 주의 깊게 살피고 전략을 세우는 것이 필수적이다.

제조업체와 유통업체의 경계도 흐려지고 있다. 제조업체는 이제 직접 유통에 뛰어들거나 유통 제휴를 통해 더 큰 매출을 올리고 있다. 반면, 유통업체들은 독자적인 상품을 기획해 생산하거나 해외에서 직접 수입해 유통하는 경우가 많아지고 있다.

또한, 온라인 판매와 마케팅의 중요성은 점점 더 커지고 있다. 같은 상품이라도 온라인 마케팅 능력에 따라 매출 차이가 크게 발생한다. 대충 만든 상세페이지와 전략적으로 설계된 마케팅을 가진 업체의 차이는 매출에서 극명하게 드러난다. 온라인에서 마케팅 능력을 갖추지 못하면 아무리 좋은 상품도 성공하기 어렵다. 필자도 '잘 팔리는 상품이 좋은 상품'이라는 격언에 공감한다. 온라인 유통에 뛰어드는 사람이라면 유통 마케팅 능력 향상에 최선을 다해야 한다.

온라인 유통의 미래

　　쿠팡은 타 업체들이 따라오기 힘든 강력한 배송 경쟁력과 독창적인 서비스를 갖추고 있으며, 네이버는 가격 비교와 방대한 트래픽을 기반으로 커머스 생태계에서 영향력을 지속적으로 유지할 전망이다. 장기적으로는 가격 검색에 의존하지 않는 카카오커머스, 모바일앱 기반 플랫폼, SNS커머스, 그리고 유튜브쇼핑과 같은 특화된 플랫폼들이 성장하면서 쿠팡과 네이버에 도전할 가능성이 높다. 특히, 2024년 6월 한국에 출시된 유튜브쇼핑은 영상을 시청하면서 바로 결제할 수 있는 기능을 제공하여 E커머스 시장의 흐름을 새로운 방향으로 전환할 잠재력을 갖고 있다. 이러한 신규 플랫폼들은 선점하는 판매자에게 큰 이익을 제공하므로, 빠

[그림 1-4] 국내 이커머스 시장을 뒤흔들 수 있는 유튜브쇼핑(출처: 유튜브)

르게 입점하여 기회를 잡는 것이 중요하다.

또한, 마켓컬리, 무신사, 에이블리, 오늘의집과 같은 전문몰들이 꾸준히 성장하고 있으며, 이러한 트렌드는 앞으로도 계속될 것으로 보인다. 스마트폰의 대중화와 간편 결제 시스템의 발전으로 인해 온라인 쇼핑을 이용하는 연령층이 다양해지고 확대되고 있다. 특히, 코로나 이후로 주니어와 시니어층이 온라인 쇼핑에 더 쉽게 접근하게 되면서 이들을 타겟으로 한 시장의 성장 가능성도 높아지고 있다. 더불어, 글로벌 경계가 허물어지면서 해외 직구와 역직구 시장도 크게 성장할 것으로 예상되며, 알리익스프레스와 테무 같은 중국 직구 쇼핑몰들은 국내 시장에 상

한국인이 가장 많이 사용한 종합몰 앱

한국의 Android + iOS 앱 사용자 추정 (만 명)
2024년 2월

순위	앱 이름	사용자 수	작년 동월 대비 (만 명)
1	쿠팡	3,010	+57
2	알리익스프레스	818	+463
3	11번가	736	-208
4	테무	581 *23년 7월 한국 출시	+581
5	G마켓	553	-102
6	티몬	361	-61
7	위메프	320	-116
8	GS SHOP	314	-5

[그림 1-5] 2024년 2월 한국인이 가장 많이 사용한 종합몰 앱(출처: 와이즈앱)

당한 위협을 가하고 있다. 알리익스프레스는 이미 국내 판매자들을 받아들이고 있으며, 테무 또한 앞으로 국내 판매자를 입점시킬 가능성이 높다. 이러한 인기 있는 쇼핑몰에 조건이 맞는다면 입점하여 판매하는 것이 유리한 선택이 될 수 있다.

결론적으로, 쿠팡과 네이버쇼핑의 양강 구도는 당분간 지속될 가능성이 높고, 기존의 오픈마켓과 종합몰들은 하락세를 이어갈 것으로 보인다. 전문몰, SNS 공동구매, 카카오커머스는 틈새시장에서 영향력을 확대해 나가고 있으며, 중국 직구 쇼핑몰과 유튜브쇼핑이 새로운 강자로 떠오르며 시장을 재편할 가능성도 크다. 이러한 트렌드에 맞추어 효과적인 온라인 유통 전략을 수립하는 것이 앞으로의 성공을 위한 핵심이 될 것이다.

CHAPTER 03

국내의
온라인 유통 채널

●●●   국내 온라인 유통 채널에 대해 살펴보자. 오 프라인 유통이 중심이었던 시절에는 할인점, 편의점, 백화점, 슈퍼 마켓 등 몇 안 되는 유통 채널만이 존재했지만, 온라인 유통의 등 장으로 유통 채널의 숫자는 급격히 증가했다. 변화의 속도가 상대 적으로 느린 오프라인 유통 채널과는 달리, 온라인 유통 채널은 매 년 수많은 신규 채널들이 등장하고 기존의 유통 채널이 사라지며 큰 변화를 겪고 있다. 이러한 유통 채널의 빠른 변동은 자본과 인 력이 충분치 않은 중소 신규 사업자들에게 대기업에 비해 더 큰 기 회를 제공하는 요소가 되고 있다.

       역사와 전통을 가진 기존의 대형 유통 채널에 신규 업체가 진입하여 자리를 잡는 것은 매우 어려운 일이지만, 신규 유통 채널은 상대적으로 입점 절차가 용이하고, 해당 유통 채널이 급성장할 경우 초기부터 입점한 업체는 상당한 혜택을 누릴 수 있다. 이 때문에 중소 사업자들은 항상 새로운 유통 채널의 등장과 기존 채널의 변화를 주의 깊게 살펴볼 필요가 있다. 유통 채널이 초기에 안정적이지 않을 때 입점하여 자리를 잡은 업체가 가장 큰 혜택을 얻게 되는 경우가 많다는 점을 기억해야 한다. 15년 전 소셜커머스가 론칭되었을 때 그랬고, 카카오스토리 채널 및 네이버밴드 공동구매가 활성화될 때도 그랬으며, 최근에는 크라우드 펀딩 유통 채널에서도 이러한 사례를 쉽게 찾아볼 수 있다.

전통의 온라인 유통 강자 오픈마켓·종합몰

온라인 유통 채널에도 전통적인 강자가 있는데, 오픈마켓과 종합몰이 그 대표적이다. 이들은 25년 이상의 역사를 가진 터줏대감이지만, 쿠팡, 네이버쇼핑, 카테고리 전문몰들에 밀리며 시장에서 입지가 좁아지고 있다.

○ 오픈마켓

　　G마켓, 옥션, 11번가, 롯데ON, 멸치쇼핑

○ 종합몰

현대H몰, GSSHOP, CJ온스타일, SSG닷컴, 롯데ON(종합몰)

국내 오픈마켓 시장은 G마켓/옥션, 11번가가 주도하고 있으며, 롯데ON과 중소 규모의 멸치쇼핑이 있다. 롯데ON은 2020년 야심 차게 출발했으나 실적이 미흡하고, G마켓/옥션은 신세계로 인수된 후 영업이익 적자와 점유율 하락을 겪고 있다. 11번가 역시 적자 누적과 경기 불황으로 어려움을 겪고 있으며, 증시 상장과 매각 작업도 실패했다.

옥션은 25년 전부터 충성 남성 고객들이 많아 남성 중심 상품이 잘 팔리고, 11번가는 젊은 층 타깃 상품이 강한데 대기업 SK가 운영하며, 아마존과의 제휴로 미국 직구 상품에 강점을 지니고 있다. 롯데ON은 오프라인에서 강세인 브랜드 상품에 강점이 있고, 멸치쇼핑은 중소 규모이지만 꾸준히 성장 중이다. 오픈마켓은 입점자와 상품이 많아 광고 없이는 노출이 어렵기에 광고의 중요성이 크다.

종합몰은 대기업이 운영하는 쇼핑몰로, 보통 백화점과 홈쇼핑을 함께 운영하며, 다양한 행사와 혜택을 제공한다. 종합몰은 까다로운 검증 절차로 신뢰를 얻으며, 입점 시 브랜드파워 상승효과가 크다. 가격이 다소 높아도 다양한 프로모션과 우수한 고객서비스로 충성 고객이 많다.

국내 1등 쇼핑몰로 등극한 쿠팡

2010년대 초반 최고 전성기 때 국내 온라인 유통을 평정할 거라는 평가를 받았던 유통 채널이 바로 소셜커머스이다. 이때 쿠팡, 티몬, 위메프가 시장을 주도하였는데 2024년 7월 경영 사정 악화로 티몬, 위메프는 몰락하였다. 쿠팡은 처음에는 소셜커머스로 출발하였으나 로켓배송 사업 판매로 전환한 이후 소셜커머스도 아니고 오픈마켓도 아닌 독자적인 길을 걸어왔다. 막대한 적자를 감수하고 물류 시스템을 구축하는 쿠팡을 보며 다들 얼마 못 가 폐업을 거라고 입을 모았지만 로켓배송을 앞세운 빠른 배송과 탁월한 고객서비스로 국내 온라인유통을 평정하였다.

2021년 미국 뉴욕 증시에 상장한 쿠팡은 첫날 시가총액이 100조 원을 넘어섰다. 2021년 당시 100조 원이라는 쿠팡의 시가총액은 모든 한국 유통업체 시가총액을 합친 것보다도 컸다. 한국 증시에 등록된 유통 빅3인 롯데쇼핑, 신세계/이마트, 현대백화점을 포함한 총 65개 종목의 시가총액이 73조 원이었다. 쿠팡은 시가총액뿐만 아니라 거래액에 있어서도 온라인/오프라인 유통을 모두 통틀어서 네이버쇼핑과 함께 1, 2등을 다투다가 2022년 거래액 36.8조로 드디어 1등 업체에 등극하였다.

쿠팡은 로켓배송, 로켓프레쉬, 로켓와우, 로켓직구 등 다양한 서비스와 경쟁력 있는 모바일 쇼핑 그리고 온라인 최저가 판매를 지향하면서 시장 지배력을 늘려가고 있다. 쿠팡의 막대한 투자로 만들어진 로켓배송은 타 경쟁업체들이 따라잡기 힘든 수준이라 향후에도 쿠팡의 독주는 계속될 것으로 생각된다.

방송 기반의 온라인 유통 채널 홈쇼핑 · 인포머셜

온라인 유통 채널 중 방송 기반의 유통 채널이 있는데 LIVE 홈쇼핑, 인포머셜이 바로 그것이다. 이들은 전체 유통 채널 중에서 1시간 만에 가장 큰 매출을 올릴 수 있다. LIVE 홈쇼핑은 우리가 일반적으로 알고 있는 생방송으로 진행되는 홈쇼핑이며 인포머셜은 유사홈쇼핑이라고 불리는데 케이블 TV 프로그램 중간중간에 끼어서 방송되는 녹화 형태의 상품 판매 방송이다.

○ 라이브홈쇼핑

GS홈쇼핑, CJ온스타일, 롯데 홈쇼핑, 현대 홈쇼핑, 홈앤쇼핑, NS홈쇼핑, 공영쇼핑

○ 인포머셜

인포벨, 송영철 공작소

LIVE 홈쇼핑의 경우 단기간에 폭발적인 대박 매출을 기대할

수 있지만 높은 정액/정률 수수료(35~45%)와 높은 매출 목표에 따른 막대한 사전 재고 부담 때문에 위험 부담이 엄청나게 크다. 인포머셜의 경우는 녹화 형태의 방송이긴 하나 LIVE홈쇼핑 대비 위험 부담이 상대적으로 적고 한 번 히트를 치게 되면 온라인 검색 수가 엄청나게 올라가서 온라인상에 브랜딩도 되고 LIVE 홈쇼핑 수준은 아니지만 꽤 큰 매출도 올릴 수 있다.

베일에 싸인 알짜 쇼핑몰인 복지몰

복지몰은 2010년 전후로 기업과 단체들이 직원 및 회원들의 복지를 증진하기 위해 선택적 복리후생 제도를 도입하면서 생겨난 쇼핑몰이다. 기업, 관공서, 공공 단체 쇼핑몰뿐만 아니라 카드사, 정유사, 통신사 포인트몰 등도 포함된다. 복지몰은 직원과 회원을 대상으로 하기 때문에 일반인이 구매할 수 없고, 상품 공급업체 입장에서는 가격이 온라인에 노출되지 않는다는 장점이 있다. 복지포인트 제도를 활용하는 복지몰은 포인트를 모두 복지몰에서 사용해야 하므로 매출이 우수한 편이며, 입점 업체와 상품 수가 적어 경쟁도 덜하다.

다만, 복지몰은 복지 증진을 목적으로 하므로 일반 쇼핑몰보다 가격이 저렴해야 하고, 건강, 레저, 스포츠, 가전 등 복리후생과 관련된 상품이 주로 판매된다. 대부분의 기업과 단체는 쇼핑몰 운영 경험이 없어 외부 전문 운영대행업체에 위탁하는 경우가 많다. 복지몰에 입점하려면 이러한 운영대행업체에 제안하는 것이 기본이다. 대형 복지몰 운영 대행업체들은 수백 개의 복지몰을 관리하는데, 테스트 판매 후 반응이 좋으면 여러 복지몰에 동시 입점할 수 있다. 대표적으로 현대이지웰은 1,000여 개, SK베네피아는 3,700여개 이상의 복지몰을 운영하고 있다.

○ 주요 복지몰 운영 대행업체

현대 이지웰, 베네피아, 비즈마켓, 이제너두, 네티웰, 삼성전자 베네포유

오프라인 도매시장을 온라인으로 옮겨온 온라인 도매몰

예전 오프라인 유통 시절에는 도매·소매 판매업자를 모집하는 일이 매우 어려웠다. 그러나 온라인이 발달한 지금은 일정 수수료를 내면 이를 대신해 주는 온라인 도매몰이 생겼다. 온라인 도매몰은 크게 두 가지로 나뉜다. 첫째는 미리 상품을 사입해야 하는 매입형 도매몰이며, 둘째는 사입 없이 도매몰이 제공하는 상세페이지와 데이터를 활용해 판매가 이루어지면 주문을 넣는 배송 대행형 도매몰이다. 매입형 도매몰의 대표 업체는 도매꾹이고, 배송 대행형 도매몰은 온채널, 오너클랜, 도매토피아 등이 경쟁하고 있다.

온라인 도매몰을 통해 도매·소매 판매업자와 온라인 셀러를 쉽게 모집할 수 있지만, 한 가지 주의할 점은 가격 관리가 어렵다는 것이다. 유통 과정에서 가격이 무너지면 상품 브랜딩과 판매에 어려움이 생길 수 있다. 따라서 장기적으로 육성할 대표 상품은 온라인 도매몰에 입점시키지 않는 것이 좋다. 대신, 기획 상품이나 시즌 상품처럼 단기간에 운영하거나 브랜딩이 크게 필요 없는 상품에 한해 입점을 추천한다.

○ 주요 온라인 도매몰

　도매꾹(사입형 도매몰), 오너클랜, 온채널, 도매토피아, 도매매, 젠트레이드

기타 온라인 유통 채널

여태까지 언급한 유통 채널 외에도 SNS 공동구매, 카테고리 전문몰, 네이버커머스, 카카오커머스 등 다양한 유통 채널들이 존재한다. 이들 유통 채널들도 신규 사업자가 입점 및 매출을 올리기에 좋으니 자신의 상품과 맞는 유통 채널을 선택해서 도전해 보기 바란다.

○ SNS 공동구매

카카오스토리 채널, 네이버 밴드, 모바일어플, 페이스북, 인스타그램,

블로그, 카페

○ 카테고리 전문몰

얼리어답터몰, 디자인몰, 뷰티몰, 땡처리몰, 반품몰, 판촉몰, 애완용품몰 등

○ 네이버 커버스

네이버 쇼핑, 스마트스토어

○ 카카오 커머스

선물하기, 카카오 톡스토어, 메이커스

가성비 갑
실전 온라인 유통

CHAPTER 01

스마트스토어:
네이버쇼핑이 제공하는 강력한
개인 맞춤 쇼핑몰

●●● Part 2와 Part 3에서는 최근 빠르게 성장하거나 가성비가 뛰어난 온라인 유통 채널들을 다룬다. 그중 네이버 스마트스토어가 처음 소개되는 이유는 이 플랫폼이 중요하고 성장 가능성이 크기 때문이다. 최근 스마트스토어에 대한 관심이 급증하면서 이를 다룬 다양한 서적들이 계속 출간되고 있으며, '스마트스토어로 직장 탈출하기', '스마트스토어로 월 천만 원 벌기'와 같은 교육 프로그램과 강의들도 매일같이 쏟아져 나오고 있다. 이들 프로그램은 무료부터 고가 교육까지 선택의 폭이 넓어, 이 열기는 2000년대 초중반의 개인 쇼핑몰과 오픈마켓 붐을 연상케 한다. 당시에는 개인 쇼핑몰을 개설하고 오픈마켓에 상품을 등록하

는 것만으로도 어느 정도의 매출을 기대할 수 있었는데, 지금의 스마트스토어도 비슷한 열기를 띠고 있다.

하지만 스마트스토어에 상품만 올리면 자동으로 팔릴 것이라는 오해는 피해야 한다. 다만, 스마트스토어는 타 유통 채널에 비해 가성비가 좋고 유망한 플랫폼임은 분명하다. 특히 스마트스토어의 큰 장점은 광고 없이도 네이버 쇼핑의 SEO를 잘 활용하면 상위에 노출될 수 있다는 점이다. 오픈마켓보다 광고 경쟁이 적어 성공할 기회가 많지만, 네이버가 언제 광고 정책을 변경할지 모르므로 현재가 집중해야 할 적기라고 할 수 있다.

스마트스토어에 대한 모든 내용을 담으려면 책 한 권도 모자라겠지만, 여기서는 핵심 내용만 짚어보려 한다. 2024년 현재 스마트스토어는 여전히 가장 인기 있는 유통 플랫폼 중 하나로 자리하고 있다. 새로운 유통 채널들이 생겨나고 있지만, 규모 면에서 스마트스토어와 비교하기는 쉽지 않다. 2022년 네이버 쇼핑 거래액 중 상당 부분이 스마트스토어에서 발생했다는 사실은 그 영향력을 잘 보여준다. 스마트스토어는 네이버가 제공하는 무료 개인 쇼핑몰로, 사업자뿐만 아니라 개인도 사업자 등록 없이 쉽게 시작할 수 있으며, 제작·유지 비용이 없고 저렴한 수수료, 네이버 쇼핑과의 자동 연동, 간편 결제 시스템, 빠른 정산 등 여러 가지 장점을 지니고 있다.

비교 항목	네이버 스마트스토어	다른 판매 채널 (쿠팡, 11번가, G마켓 등)
사용자 유입	네이버 검색과 연계되어 높은 유입량을 기대할 수 있음	자체 유입과 제한된 검색 기능을 통한 유입
마케팅 비용	네이버 쇼핑 검색 노출과 연동된 다양한 무료/저비용 마케팅 툴 제공	광고와 노출에 추가 비용 발생 가능성 높음
데이터 분석 도구	판매자 도구 내 고객 데이터 및 트렌드 분석 기능 제공	분석 기능이 제한적이거나 외부 툴 필요할 수 있음
비용 부담	가입 및 기본 이용료가 없어 초기 비용 부담 낮음	입점 및 광고비가 추가되는 경우가 많아 부담이 있을 수 있음
판매자 지원 정책	리뷰 관리, 상세페이지 제작 지원 등 판매자 친화적인 정책 지원	일부 플랫폼에서는 리뷰 관리가 제한적이고 판매자 지원 기능 부족함

물론 온라인 판매의 가장 이상적인 방식은 나만의 단독 쇼핑몰을 운영하는 것이다. 하지만 단독 쇼핑몰은 제작과 유지 비용이 높고, 고객을 유입하기 위해 상당한 홍보비가 필요하다. 자금과 홍보 능력이 부족한 중소기업이라면 단독 쇼핑몰 대신 스마트스토어로 시작하는 것이 훨씬 현명하다. 스마트스토어 운영을 통해 방문자가 늘어나면 이후 단독 쇼핑몰로 확장하는 것이 더 안전하다. 상품과 브랜드가 잘 알려지지 않은 상태에서 단독 쇼핑몰을 운영하면 많은 광고비를 쓰더라도 매출이 나오지 않을 수 있어 실패 확률이 높다. 이제 스마트스토어의 핵심 포인트들을 하나씩 살펴보자.

네이버쇼핑 노출

스마트스토어는 오픈마켓과 유사하지만, 광고 없이도 상품 노출과 판매가 가능하다는 점에서 차이가 크다. 오픈마켓에서는 광고 없이는 상품 노출이 어렵지만, 스마트스토어는 네이버쇼핑에 자동으로 연동되어 자연스러운 노출이 이루어진다. 실제로 주요 유통 채널에서도 네이버쇼핑 연동을 통한 매출이 상당하여 스마트스토어의 자동 노출 기능이 중요하다는 것을 알 수 있다. 네이버의 스마트스토어는 네이버쇼핑 내에서 유리하게 노출될 수 있는 장점을 갖추고 있다.

오픈마켓에서 상위에 노출되기 위해서는 상당한 광고비를 부담해야 하는 경우가 많지만, 스마트스토어에서는 네이버쇼핑의 가이드라인에 맞춰 상품을 등록하고 꾸준히 판매 활동을 이어 나가면, 판매량과 구매 후기를 축적하여 광고 없이도 상위에 노출될 수 있다. 특히 스마트스토어에서 가장 중요한 요소 중 하나는 상위 노출을 지속적으로 유지하는 것이다. 이는 잠재 고객의 접근성을 높이고 구매 전환을 유도하는 데 중요한 역할을 한다. 상위 노출을 위한 구체적인 전략과 방법은 Part 4에서 보다 자세히 다룰 예정이며, 스마트스토어를 운영하면서 효과적으로 상위 노출을 유지하는 노하우를 습득할 수 있을 것이다.

수수료

스마트스토어는 입점, 등록, 판매 수수료가 0%이고, 네이버페이 주문 관리 수수료와 네이버쇼핑 연동을 통해 매출이 발생할 때에만 매출 연동 수수료 2%가 부과되므로 온라인 유통 채널 중에서 가장 저렴한 비용 구조를 자랑한다. 이러한 이유로 중소기업이나 개인 온라인 셀러들이 스마트스토어에 집중적으로 입점하고 있다. 온라인 유통 채널 중에서도 저렴하다고 평가받는 오픈마켓조차도 보통 5~15%의 수수료를 부과한다는 점을 감안하면, 스마트스토어의 수수료 정책이 얼마나 매력적인지 확연히 드러난다.

[판매자 매출액에 따른 네이버페이 주문 관리 수수료]

매출액에 따른 구분	매출액 기준	수수료
영세	~ 3억 원	1.980%
중소 1	3억 ~ 5억 원	2.585%
중소 2	5억 ~ 10억 원	2.750%
중소 3	10억 ~ 30억 원	3.025%
일반		3.630%

판매 대금 결제

개인 쇼핑몰의 큰 약점 중 하나는 결제 시스템이다. 개인 쇼핑몰 운영자는 보통 PG(결제 대행 서비스)사를 이용해야 하는데, 이 경우 구매자들이 결제 과정에서 불편을 겪는 일이 자주 발생한다.

결제를 시도할 때 추가 프로그램을 설치해야 한다는 안내가 나오면, 성격이 급한 고객들은 결제를 포기하고 떠나버리기도 한다.

그러나 스마트스토어는 '네이버페이'라는 결제 시스템을 공통적으로 사용하는데, 네이버 아이디를 가진 고객이라면 자동으로 결제가 이루어져 결제 절차가 훨씬 수월하다. 또한, 결제 대금 정산 조건이 유리하다. 쿠팡이나 종합몰의 경우 판매 대금 정산까지 45~65일이 소요되는 반면, 스마트스토어는 대금 정산이 더 신속하게 이루어진다.

고객 구매 확정	구매 확정 후 영업일 기준 1일
고매 구매 미확정	배송 완료 후 8일 차 자동 구매 확정 이후 영업일 기준 1일 (약 10~12일)

다양한 SNS 연동

어느 온라인 유통 채널이나 고객 유입이 문제다. 스마트스토어는 페이스북, 인스타그램, 블로그와 연동이 가능해 외부 채널에서 고객 유입이 용이하다. 외부 SNS에 많은 팔로워가 있는 파워 SNS 유저들은 스마트스토어를 통해 큰 매출을 올리고 있으며, 이들은 상품 가격 경쟁력이 부족해도 팬 유입만으로 매출을 쉽게 만든다.

복수의 스마트스토어 운영

스마트스토어의 경우 일정 조건 충족 시 3개까지 추가로 스마트스토어를 개설할 수 있다. 3개의 개인 쇼핑몰을 운영할 수 있는 것이나 마찬가지이다. 카테고리 또는 콘셉트가 상이한 상품군을 취급할 때는 복수의 스마트스토어를 운영하는 것이 유리하다.

복수 스마트스토어 운영 조건	- 최소 6개월 전 가입 - 최근 3개월 총매출 8백만 원 이상 - 최근 3개월 구매 만족도 4.5점 이상

입점 및 공략 방법

입점

스마트스토어 입점은 스마트스토어 판매자 센터에서 입점 관련 서류를 준비하여 가입 신청을 하면 된다. 아래 QR로 접속하면 스마트스토어 센터 가입 신청 및 판매자가 가입 시 자주 묻는 문의 사항을 안내받을 수 있다.

네이버 스마트
스토어센터

공략 방법

스마트스토어에 대한 모든 정보는 스마트스토어 판매자 센터 내의 매뉴얼에 자세히 나와 있다. 유료 강의를 듣기 전에 반드시 이 매뉴얼과 공지사항을 확인하길 권한다. 이 자료들만 숙지해도 스마트스토어 성공 가능성은 크게 높아진다. 사실 유료 강의 내용의 상당 부분도 이 매뉴얼과 공지사항에 포함된 내용들이다. 번거롭게 일일이 찾아보는 것이 귀찮다면, 필자가 운영하는 네이버 카페 '유통노하우연구회' 게시판에서 '네이버 스마트스토어 매뉴얼'을 한 번에 다운로드할 수 있다.

스마트스토어 운영 시, 매출과 고객을 분석할 수 있는 스마트스토어의 통계 프로그램을 활용하는 것도 필수다. 단순히 판매만 해서는 매출 증대에 한계가 있기 때문에 통계 분석을 통해 고객과 상품, 매출 데이터를 연구하고 개선해 나가야 한다.

스마트스토어의 네이버쇼핑 노출 외에도, SNS를 통해 고객을 유입시키는 방법을 적극 추천한다. 블로그, 인스타그램, 페이스북을 활용해 상품과 브랜드를 홍보하면 SNS를 통해 스마트스토어로 방문한 고객들이 구매로 이어질 확률이 매우 높다. 실제로 SNS를 잘 활용하는 판매자는 그렇지 않은 사람보다 몇 배 이상의 매출을 올리고 있다.

스마트스토어 운영자에게 추천할 만한 무료 마케팅 활동들도 있다. 원쁠딜, 기획전, 쇼핑윈도, 핫딜 등은 잘 활용하면 큰 매출로

이어질 수 있다. 이런 행사들은 무료로 제공되기 때문에 꾸준히 제안하고 진행하는 것이 중요하다. 다만, 이런 행사에 참여한다고 해서 무조건 매출이 오르는 것은 아니다. 어느 정도 매출이 있고 구매평이 쌓인 상품이나 시즌 상품이 행사에 노출될 때 매출이 극대화된다. 잘 알려지지 않은 신제품이나 구매평이 없는 상품은 고객의 관심을 끌기 어렵기 때문에, 시즌 상품이나 이미 판매 경험이 있는 상품으로 행사를 진행하는 것이 유리하다.

① 원뿔딜

네이버쇼핑에서 2022년 새롭게 출시한 서비스로, 온라인쇼핑에서 가장 인기 있다고 하는 1+1, 증정 행사 상품들만을 소개하

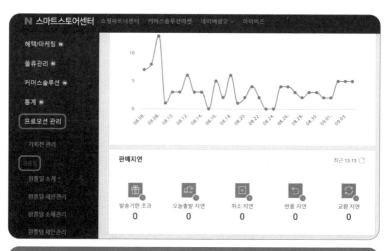

[그림 2-1] 원뿔딜 신청 방법(출처: 네이버)

는 서비스이다. 스마트스토어 판매자 센터에서 신청할 수 있고 딱 3일간만 진행되는 서비스이다. 2022년 종료된 네이버 인기 서비스인 럭키투데이를 대체해서 나온 서비스인데 원쁠딜 전용 섹션을 만들어서 집중적으로 홍보하고 있다.

런칭 초기에는 1+1 상품만 진행되었으나 지금은 증정 행사, 포인트 적립 행사도 진행이 되고 있다. 하루에 소수의 1+1 위주의 인기 상품들만 진행되고 네이버에서 엄청난 노출을 해주고 있는데, 선정되기 위한 경쟁이 매우 치열하다. 무료 배송이면서, 1+1, 파격 추가 증정이라는 조건을 맞춰야 하기 때문에 마진 구조가 좋은 상품만 진행할 수 있다. 원쁠딜 신청은 스마트스토어 판매자센터 내 원쁠딜 메뉴에서 할 수 있다.

원쁠딜 등록 상품 필수 조건	- 1+1 상품/추가 증정 상품/포인트 적립 상품 무료 배송 - 동일 상품 2개 또는 동일 상품 속성 2개 구성 - 하루 50개 상품 엄선, 딱 3일만 진행 - 원쁠딜 선정 기준 : 구매하고 싶은 상품/경쟁력 있는 가격 - 매출 연동 수수료 5% (네이버페이 주문 관리 수수료 별도) - 정산 주기 스마트스토어와 동일 - 메리트 있는 원쁠딜의 경우 PUSH 메시지 발송

② 기획전

기획전은 내 스토어의 상품을 다양한 방식으로 홍보하고 싶을 때 이용할 수 있는 프로모션이다. 기획전의 경우 행사 콘셉트에 따라 다양한 형태로 운영이 가능하다.

기획전의 경우 또 하나의 장점이 다른 기획전 대비 행사 메리트가 있을 경우 다양한 경로로 노출이 된다는 점이다. 네이버 메인화면, 네이버 핫딜, 네이버쇼핑, 네이버 모바일 등 여러 경로로 노출이 되면서 매출을 극대화할 수 있다. 기획전 등록 기간은 영업일 기준으로 등록일 3일 이후 시작되며, 진행 기간은 최소 14일 이내로 설정해야 한다. 승인 거부가 난 후 재심사 요청 시에도 동일한 기준으로 적용이 된다.

기획전 신청

기획전 노출 조건	
기획전 공통 조건	- 명확한 기획전 주제가 있어야 합니다. - 가품 및 배송, 재고에 대한 이슈가 없어야 합니다. - 기획전 내 등록 상품 수: 최소 50개 이상 ~ 500개 미만 (섹션 당 최소 11개 이상 ~ 100개 이하 권장) - 상품 상세 내 모바일 미리보기가 가능해야 합니다. - 모바일/PC 할인 및 할인 혜택이 동일해야 합니다. - 기획전은 기간 내 1개의 기획전만 운영이 가능하며, 복수로 진행은 불가합니다.
① 즉시 할인	- 기획전을 위한 할인 혜택이 적용되어야 합니다.
② 스토어찜/톡톡 친구 할인 쿠폰	- 해당 고객 대상으로 추가 할인 쿠폰 제공이 가능해야 합니다. - 쿠폰 할인 금액은 5% 이상(금액으로 1,000원 이상)부터 진행 가능합니다.
③ 포인트 적립	- 네이버페이 포인트가 적용된 상품만 진행이 가능합니다. (시스템 공통 적용 포인트 제외) - 판매 상품 가격의 최소 3% ~ 최대 20%까지 적용이 가능합니다. (금액 기준 2만 원까지 적용 가능)

할인 혜택 설정 및 배너 설정	
할인 및 혜택 설정	- 신청하시고자 하는 기획전 등록 상품의 할인 및 포인트 설정 등 각종 혜택이 기획전 기간에 맞춰 설정된 후 기획전 등록이 가능합니다. - 상품가, 할인가는 모바일/PC 모두 동일해야 합니다. - 쿠폰 기획전의 쿠폰 할인 금액은 5%이상(금액 1000원 이상)부터 진행 가능합니다.
배너 등록 시 유의사항	- 기획전 배너의 이미지는 기획전내 등록된 상품의 이미지만 허용 가능하며, 배너 상품은 기획전 내 최상단 1, 2번째에 노출되어야 함. - PC&모바일 이미지 동일한 이미지를 권장함 - 텍스트 포함 이미지 심사 거부 대상 - 초상권, 저작권, 상표권 등 타인의 권리를 침해하는 이미지 사용 불가 - 선정/음란/신체 노출 이미지 사용 불가 - GIF 애니메이션 이미지 노출 불가하면, JPEG 및 PNG로 등록하실 수 있습니다. - PC노출 시 이미지 자동 크롭 되며, 배너 내 이미지는 꽉 차지 않게 위, 아래 여백 있게 작업 권장 - 분할 컷 이미지는 지양하며, 대표 상품을 정확히 나타낼 수 있는 단독 상품 이미지 권장

③ 쇼핑윈도

쇼핑윈도는 오프라인 상점을 운영하는 사업자들을 지원하기 위해 출시된 서비스이다. 푸드, 패션, 리빙, 애완, 키즈, 뷰티 등 전국 각지의 다양한 오프라인 매장의 정보들을 제공하는 O2O Online to Offline 플랫폼이다.

쇼핑윈도는 고객들이 전국 각지 유명 매장들의 상품을 온라인을 통해 쉽게 구매할 수 있게 도와주며 판매자 입장에서는 해당 지역에 한정되었던 고객층을 전국으로 확장시킬 수 있는 좋은 기회를 제공하고 있다. 과거에 오프라인 매장 운영자들이 별도의 온라인 쇼핑몰을 운영하다 힘들어서 포기하는 경우가 많았는데 네이버에서 쇼핑윈도를 통해 이들 오프라인 매장 운영자들을 지원하게 되었다. 쇼핑윈도뿐만 아니라 네이버톡톡, 네이버페이로 고객응대 및 결제 시스템까지 지원하기 때문에 오프라인 매장 점주들이 쉽게 온라인 판매를 할 수 있다. 소상공인을 육성한다는 네이버의 정책과 맞아떨어져서 현재 네이버에서 집중적으로 육성하고 있다. 윈도 상위 판매자들의 경우 상품 리뷰가 몇만 개씩 달릴 정도로 매출이 좋은데 현재 아래와 같은 쇼핑윈도가 운영 중이다.

① 플레이윈도	디지털, 스포츠, 취미 관련 인기 상품
② 아트윈도	모바일에서 즐기는 쉽고 편한 갤러리
③ 뷰티윈도	화장품 및 뷰티 상품 전문 매장
④ 리빙윈도	감각적이고 실용적인 리빙 아이템을 한자리에
⑤ 푸드윈도	전국 팔도의 특산품 직거래 장터
⑥ 키즈윈도	깐깐한 엄마들을 위한 육아, 아동 상품 페스티벌
⑦ 펫윈도	강아지, 고양이 등 애완동물을 위한 모든 상품
⑧ 소호&스트릿 윈도	스타일리시하고 인기 있는 패션 상품을 한자리에
⑨ 해외직구윈도	해외에서 현지 상품을 국내에 판매, 바로 배송

쇼핑윈도 신청을 한다고 해서 무조건 입점이 되는 것은 아니며 각 쇼핑윈도 별로 신청 조건이 다르기 때문에 반드시 사전에 신청 조건을 체크해야 한다. 예를 들어 키즈 윈도의 경우는 반드시 오프라인 매장이 있어야 입점을 할 수 있다.

○ 키즈윈도 신청 조건

- 매장/업체
  •비브랜드: 간판 및 쇼룸/쇼윈도가 있는 오프라인 매장
  (자택/사무실 불가)
  •브랜드 본사: 브랜드 상품등록증, (공식 수입원, 공식 대리점) 라이선스 증빙 서류 필수
- 키즈윈도 가이드에 맞춰 상품 페이지 제작
- 온라인 판매 전반 관리 (주문, 배송 등)
- 사업자등록증
- 네이버톡톡을 사용한 고객 응대
- 상품 등록 시, 해당 상품의 인증 정보 기재 필수
- 스마트스토어 최근 3개월 이상 운영한 업체
- 스마트스토어 최근 3개월의 판매 관리 지수가 10점 미만이고 판매 관리 페널티 비율(판매 관리 페널티/결제 건수) 20% 미만인 판매자
- 입점 기준 self 체크하기

비브랜드

브랜드본사

네이버에서 정책적으로 육성하고 있는 쇼핑윈도이기 때문에 참가자들에 대한 혜택이 다른 네이버 서비스에 비해 훨씬 크다. 지금 자체 쇼핑몰을 별도로 운영하고 있다고 할지라도 쇼핑윈도와 스마트스토어는 동시에 운영해 볼 것을 추천한다. 자체 쇼핑몰의 경우 고객들에게 노출시키는 게 쉽지 않고 광고비가 많이 들어

갈 수밖에 없는 구조이지만 쇼핑윈도와 스마트스토어는 네이버가 적극적으로 노출을 지원해 주기 때문이다.

각 쇼핑윈도별 신청 조건 확인은 네이버쇼핑 최하단의 '쇼핑윈도 노출 안내'를 클릭해서 확인하면 되고 입점 신청은 '쇼핑윈도 노출 안내' 내의 '1:1 문의하기'를 통해 하면 된다.

CHAPTER 02

트래픽이 몰리는 특가 행사:
광고비 없이 단기간 대박 매출

●●●　　　　　모든 사람은 매출을 많이 올리고 싶어 하며, 특히 단기간에 큰 매출을 기대한다. 사실 오픈마켓, 종합몰, 쿠팡, 스마트스토어에 상품을 올려 판매하는 것은 단기 대박보다는 점진적으로 매출이 쌓여가는 방식에 가깝다. 하지만 단기간에 큰 매출을 올릴 수 있는 유통 루트들도 있다. 이런 루트들은 유통, 제조 업체에게 매력적이지만, 진행이 쉽지는 않다. 많은 고객 트래픽이 몰리는 행사들은 MD들이 엄격하게 상품을 선정해, 일정 수준 이상의 매출을 기대할 수 있는 상품만 진행하기 때문이다.

보통 온라인 최저가 수준이거나 고객의 관심을 끌 수 있는 요소가 있어야 한다. 상품에 자신이 있다면 이러한 행사에 참여해 매출을 올리는 것이 좋다. 특히 대규모 트래픽이 몰리는 특가 행사에 꾸준히 참여하면 매출 증가에 큰 도움이 된다. 하지만 너무 자주 행사에 노출되면, 상품이 행사용으로 인식될 수 있어 장기적인 브랜딩에는 부정적일 수 있음을 명심해야 한다.

이런 특가 행사는 광고비 없이 큰 매출을 올릴 수 있는 기회지만, 경쟁이 치열하고 MD들의 눈높이도 높다. 따라서 매력적인 행사 상품을 준비하고 꾸준히 제안해야 한다. 행사 제안이 많다 보니, 선정되지 않을 경우 별도의 답변이 없는 경우도 많다. 이제, 고객 트래픽이 몰리는 주요 특가 행사들에 대해 하나씩 살펴보자.

오픈마켓 특가딜(슈퍼딜, 쇼킹딜, 올킬)

'딜'은 지금은 몰락한 위메프, 티몬 같은 소셜커머스에서 출발하였다. 소셜커머스가 지금처럼 성장하는 데 가장 큰 역할을 한 게 '딜'이라는 판매 방식이었다. 짧은 기간 동안 상품을 초특가로 판매하여 엄청난 매출을 올리는 방식이 '딜'이다. 오픈마켓들도 이런 소셜커머스의 '딜'을 벤치마킹하여 자체적으로 '딜' 방식의 특가 행사를 만들었다. 오픈마켓의 고객 유입이 엄청나기 때문에 이런 오픈마켓 '딜'에 선정이 되면 짧은 기간에 큰 매출을 올릴 수 있다.

물론 수많은 판매자들이 입점 제안을 하기 때문에 선정되는 게 쉽지는 않다. 입점 신청을 하면 MD가 검토 후 승인하는 시스템이다. 별도의 추가 비용 없이 좋은 노출 구좌를 보장받을 수 있기 때문에 큰 메리트가 있다. G마켓은 슈퍼딜, 옥션은 올킬, 11번가는 쇼킹딜이 있다.

G마켓 슈퍼딜, 옥션 올킬

- 판매자 관리 사이트 ESM Plus 좌측 하단 '슈퍼딜/올킬 관리'
  ⋯→ '슈퍼딜/올킬 신청'

11번가 쇼킹딜

쇼킹딜 신청은 시작일로부터 최소 3일 전에 신청해야 하며 반드시 11번가에 등록되어 있는 상품이어야 한다. 기간은 1일부터 14일까지 선택할 수 있다. 선정은 MD가 하는 데 왠만큼 파격적이지 않으면 선정이 어렵다.

- 11번가 셀러오피스 프로모션 관리
  ⋯→ 쇼킹딜 참여 신청

무조건 성공하는 온라인 유통&마케팅

기타 공략해 볼만한 프로그램

쿠팡 무료 노출 프로모션

쿠팡은 로켓배송 상품에 집중하다 보니 상대적으로 특가딜이 약한데 무료 노출 프로모션이라는 것이 오픈마켓의 특가딜 역할을 한다. 이 무료 노출 프로모션은 한번 선정되서 노출 초반에 어느 정도 매출이 나오면 쿠팡 AI가 다양한 지면에 노출시켜줘서 폭발적인 매출이 가능하다. 단, 쿠팡에서 요구하는 가격할인 폭이 상당히 높아서 마진 구조가 나오는 상품만 진행이 가능하다. 쿠팡 윙 판매자센터에 무료 노출 프로모션 신청 메뉴가 있으니 여기서 신청하면 된다.

쿠팡 로켓배송/로켓그로스

쿠팡이 온라인 유통 1위에 오른 주요 원동력은 바로 '로켓배송' 덕분이었다. 쿠팡은 판매자로부터 상품을 사입하고 재고를 관리하며, 묶음 배송과 익일 배송을 제공해 고객을 끌어들였다. 로켓배송의 명성은 여전히 굳건하며, 쿠팡 매출의 주축을 이루고 있다. 쿠팡에서 로켓배송이 있는 카테고리의 상품은 그렇지 않은 상품들보다 매출이 상대적으로 저조한 경우가 많다. 이는 쿠팡이 빠른 재고 회전을 요구해 로켓배송 상품의 노출이 더 잘되기 때문이다. 주로 회전율이 높은 일상 생필품 위주로 로켓배송 상품들이 구성되며, 쿠팡이 사입하여 재고를 책임지기 때문에 공급가가 낮고 판매가도 일반 상품보다 저렴하다.

고객 입장에서는 자주 구매하는 생필품을 저렴한 가격에 익일 배송으로 받을 수 있으니 로켓배송을 선호하지 않을 이유가 없다. 로켓배송은 쿠팡이 사입하는 방식이지만, 쿠팡의 빠른 배송 시스템을 활용하면서도 사입 부담이 없는 '로켓그로스'라는 프로그램도 있다. 로켓그로스는 가격 관리를 판매자가 할 수 있다는 장점이 있어, 로켓배송의 가격 관리 문제를 걱정하는 판매자에게 적합하다. 로켓배송이 부담스럽다면, 로켓그로스를 적극 활용해 보기를 권장한다.

로켓배송 입점은 쿠팡서플라이어허브에서, 로켓그로스 입점은 쿠팡윙 판매자센터에서 상품별로 신청할 수 있다.

주의할 점

로켓배송의 경우 공급가 맞추기가 쉽지 않다. 보통 온라인최저가 기준으로 쿠팡 마진이 40% 이상 나오게 공급가를 제안해야 한다. 그리고 정산 기간이 60일이 넘기 때문에 상품 마진 구조와 본인의 재무 상황을 잘 고려하여 입점을 진행해야 한다. 일단 로켓배송에 입점하면 타 쇼핑몰에서 특가 행사 진행도 불가하다는 점도 염두에 두어야 한다.

CHAPTER 03

크라우드 펀딩 판매:
신제품 출시할 때
최고의 유통 플랫폼

●●●　　　　크라우드 펀딩 판매는 2018년부터 큰 인기를 끌고 있다. 필자도 처음에 크라우드 펀딩으로 상품을 판매한다는 이야기를 들었을 때 의구심을 가졌고, 매출도 많지 않아 무시했지만 2018년 이후 시장이 급성장하면서 평균 펀딩액도 크게 늘어났다. 영화나 공연 예술 분야에서 크라우드 펀딩을 활용한다는 이야기는 몇 년 전부터 있었지만, 이제는 유통에서도 크라우드 펀딩이 활발히 사용되고 있다.

　크라우드 펀딩의 원조는 미국으로, 수많은 크라우드 펀딩 사이트들이 선풍적인 인기를 끌고 있다. 스타트업의 초기 자금 조달은 물론 대기업도 신상품 브랜딩과 홍보에 크라우드 펀딩을 적극 활용하고 있다. 미국의 성공을 기점으로 전 세계적으로 크라우드 펀딩 사이트들이 속속 등장하고 있으며, 우리나라에서도 이를 벤치마킹해 와디즈, 텀블벅, 크라우디 같은 사이트들이 빠르게 성장했다. 현재 와디즈는 국내 크라우드 펀딩 시장의 70%를 차지하고 있다.

○ 국내 유명 크라우드 펀딩 사이트

와디즈, 텀블벅, 크라우디

○ 해외 유명 크라우드 펀딩 사이트

킥스타터(미국), 인디고고(미국), 마쿠아케(일본), ZECZEC(대만)

크라우드 펀딩은 투자형(지분형)과 리워드형(보상형) 두 가지로 나뉜다. 일반적으로 알려진 투자형은 '어떤 회사나 상품, 브랜드에 투자하고 지분을 받는' 구조로, 주식이나 채권 같은 증권 발행 형식이다. 이 방식은 상품보다는 회사나 브랜드에 대한 투자가 주를 이루며, 펀딩 금액도 리워드형보다 훨씬 크다. 반면, 리워드형은 펀딩한 서포터(펀딩 투자자)에게 먼저 주문을 받고, 목표 금액이 달성되면 약속한 제품이나 서비스를 제공하는 방식이다. 리워드형은 투자형보다 금액이 적고 접근이 쉬워 중소기업과 소상공인에게 인기가 높다. 이번 장에서는 최근 급성장한 리워드형 펀딩과, 크라우드 펀딩 시장의 70%를 점유하고 있는 와디즈를 중심으로 살펴보겠다.

무조건 성공하는 온라인 유통&마케팅

크라우드 펀딩은 원래 스타트업이 투자 유치를 위해 주로 이용했지만, 최근에는 중소기업들도 신상품과 신규 브랜드의 판매와 홍보 채널 확보를 위해 적극적으로 참여하고 있다. 자금이 부족한 중소기업이 신제품을 출시할 때, 홍보와 판매 과정에서 많은 어려움을 겪지만, 크라우드 펀딩을 통해 이러한 리스크를 크게 줄일 수 있다. 초기에는 자금이 부족한 스타트업이 주를 이루었으나, 최근에는 중견기업도 신상품 홍보를 위해 참여하고 있다. 미국에서는 대기업도 제품 브랜딩과 홍보를 위해 크라우드 펀딩을 활용하고 있으며, 국내에서도 이러한 트렌드가 확산될 것으로 보인다.

크라우드 펀딩에 대한 관심이 높아지면서 펀딩 금액과 서포터 수도 급증하고 있다. 와디즈에서 진행된 샤플 백팩은 이해하기 쉬운 리워드 소개와 오프라인 시연회를 통해 15억 원의 펀딩에 성공했다. 다만, 크라우드 펀딩의 문제점은 상품 및 유통에 대한 전문성이 부족한 업체들이 펀딩에 참여해, 투자자들이 피해를 입는 사례도 있다는 것이다. 그럼에도 불구하고, 필자가 신제품을 출시한다면 크라우드 펀딩을 적극적으로 활용할 것이다. 유통 환경은 계속 변하기 때문에 크라우드 펀딩이 언제까지 가성비 좋은 방법이 될지는 알 수 없다. 지금이 바로 크라우드 펀딩 유통에 뛰어들 적기이며, 대중화되고 경쟁이 심해지면 현재와 같은 효과를 얻기는 어려울 것이다.

크라우드 펀딩의 장점

○ 제품 제작 비용을 미리 확보

○ 제품 출시 전 선 판매로 사전 매출 및 충성 고객 확보

○ 고객의 니즈를 사전에 파악하여 제품 개선하여 출시 가능

○ 신제품, 신규 브랜드의 광고비 절감, 홍보 활성화

○ 펀딩 종료 후 외부에서 제품 구매 요청, 제휴 요청 활성화

○ 펀딩 성공 시 제품·회사의 브랜드파워 강화

○ 정부 지원 자금 신청 시 유리함

위에서 크라우드 펀딩의 여러 장점을 언급했지만, 자금이 부족한 중소기업 입장에서 신제품 론칭 플랫폼으로 크라우드 펀딩이 가장 효과적이라고 솔직히 말할 수 있다. 펀딩이 어느 정도 성공하면 다양한 루트를 통해 협력 제안이나 제휴 요청이 들어온다. 특판 문의도 직접 들어오고, 갑의 입장에서 협상할 수 있는 기회가 생긴다. 크라우드 펀딩을 통해 제품이 이미 어느 정도 검증된 상태이기 때문에 상대방이 가격이나 결제 조건에서 무리한 요구를 할 가능성도 줄어든다. 또한 여러 제안 중에서 나와 맞는 협력사를 선택할 수 있다.

신제품의 경우 실패 확률이 80% 이상인데, 크라우드 펀딩은 사전에 시장성과 고객 반응을 검증할 수 있다. 이를 바탕으로 제품을

개선해 출시할 수 있으며, 진행 중에 성공 가능성이 없다고 판단되면 중단할 수 있어 시간과 비용, 노력을 절약할 수 있다. 해외 진출을 고려하는 업체들에게도 크라우드 펀딩은 유리하다. 국내 크라우드 펀딩의 수준이 높아지면서 해외 바이어나 에이전트들이 성공한 상품을 주목해 수입하거나 판매하는 사례가 점점 늘고 있다.

크라우드 펀딩 진행 시 주의할 점

- 시장에서 판매되지 않는 신제품 조건
- 이미 판매되고 있는 제품이라면 모델, 디자인, 규격을 변형해서 출시하고 기존에 팔리고 있는 제품은 일단 판매 중지
- 상품성뿐만 아니라 크라우드 펀딩 사이트에 올리는 상세페이지의 콘텐츠가 판매에 결정적인 영향을 끼침. 사진보다는 동영상이 훨씬 효과가 좋음 서포터들을 끌어들일 수 있는 차별화된 스토리 필요
- 초반 펀딩 달성률, 펀딩 금액, 지지 서명이 펀딩 성공에 큰 영향을 끼침
- 목표 금액이 높다고 펀딩 성공률이 높아지는 게 아니고 달성률이 더 중요 (펀딩 성공을 위해 일부러 목표금액을 낮추고 달성률을 높이는 경우 많음)

신제품, 신규 브랜드를 론칭할 때 크라우드 펀딩보다 나은 유통 플랫폼은 국내에서 찾아보기 힘들다. 조건이 된다면 반드시 시

도해 보길 강력 추천한다. 그러나 크라우드 펀딩 실패 시 제품 및 브랜드에 대한 신뢰가 떨어질 수 있고 펀딩에 성공했더라도 품질·배송에 문제가 발생할 경우 도리어 역효과를 낼 수 있다는 것도 명심하기 바란다. 크라우드 펀딩 플랫폼의 경우 제품 전문가가 아니기 때문에 품질 검수 측면에서 약할 수밖에 없는데 최근 품질, 배송에서 문제가 많이 발생해서 서포터들의 원성을 사는 경우가 많이 발생하고 있다.

와디즈 리워드 펀딩 진행 프로세스

크라우드 펀딩 오픈까지는 평균 10일 소요되며, 프로젝트 오픈부터 종료까지 평균 25~30일 소요 됨으로 일반적인 기간으로는 총 30~50일 소요된다.

① 펀딩 오픈 시작

② 프로젝트 검토 요청 및 심사

③ 오픈 예정 진행(선택 사항)

④ 프로젝트 오픈

⑤ 프로젝트 종료 및 정산

⑥ 리워드 준비 및 배송

와디즈 크라우드 펀딩 수수료 및 정산 정보

와디즈 크라우드 펀딩의 수수료는 기본적으로 펀딩 성공 시 모집 금액의 7%이다. 또한 결제 대행PG 수수료는 2.4%가 적용되며, 이는 카드사나 결제 처리 업체를 통한 결제 처리에 해당하는 비용입니다. '오픈 예정' 서비스와 같은 부가 서비스는 추가로 3%의 수수료가 발생한다.

정산 과정은 펀딩 종료 후 결제가 완료된 금액을 기준으로 이루어지며, 통상적으로 약 2주 이내에 창작자의 계좌로 입금된다. 이때 모든 수수료는 정산 전에 차감된다.

서포터

▼

펀딩(예약 결제)
프로젝트 성공 시, 자동 결제 진행

▼

와디즈

▼

정산
최종 펀딩 금액 확정/수수료 정산

▼

메이커

프로젝트 성공 시 마감일 +1 영업일부터 최대 +4 영업일에 걸쳐 결제 실행

[그림 2-2] 와디즈 결제 및 정산 과정

와디즈 정산금 입금 과정			
❶ ≫ 결제진행	❷ ≫ 최종 펀딩 금액 확정	❸ ≫ 정산 입금 요청서, 첨부 서류 및 수령 확인	❹ ≫ 정산금 입금
프로젝트 마감 이후, 서포터의 펀딩 금액 카드 결제가 실행됩니다. (최대 4영업일 소요)	결제 실행 이후, 메이커의 최종 펀딩 금액이 확정됩니다.	펀딩 금액 확정 이후, 와디즈는 정산금 입금 요청서 & 첨부 서류를 메이커에게 안내합니다. 메이커로부터 서류 수령 이후, 정산금 입금 절차가 진행됩니다.	PG사의 와디즈 입금 절차 이후 정산금 입금이 됩니다. 정산금 입금은 매주 화요일, 목요일에 진행됩니다.

* 최종 펀딩 금액 2천만 원 초과 시 2차로 분할 정산(1차: 80% 지급, 2차: 리워드 발송 확인 후 20% 지급). 정산받은 후 법인세법, 소득세법, 부가가치세법 등 법령에 따라 세금 신고 및 납부.

와디즈 정산 시 필요 서류

- 개인: 정산금 입금 요청서, 대표자의 인감증명서 또는 본인 서명 사실 확인서
- 개인 사업자: 정산금 입금 요청서, 대표자의 인감증명서
- 법인 사업자: 정산금 입금 요청서, 법인 인감증명서

와디즈 스쿨

와디즈의 경우 신규 사업자의 크라우드 펀딩을 돕기 위해 '와디즈 스쿨'이라는 교육 프로그램을 운영하고 있다. '와디즈 스쿨'에서

다양한 온·오프라인 강의를 통해 교육이 진행되니 관심 있다면 반드시 참고하기 바란다. 또한 법인사업자에 한해서 와디즈의 투자자 연결 서비스를 신청하여 이용할 수 있다. 와디즈는 은행 및 금

융기관, 벤처캐피탈, 사모펀드, 해외투자자, 전문 투자자와의 네트워크가 잘 되어 있다.

CHAPTER 04

식품 전문 유통 판매:
식품 특화 온라인 유통 채널 공략

●●●　　　　온라인 유통 판매의 주요 카테고리는 식품보
다는 생활잡화나 패션 같은 비식품이다. 식품은 신선도 문제나 품
질 검증이 어려워, 여전히 오프라인 유통 채널이 주를 이루고 있
다. 실제로 식품은 대기업이 운영하는 할인점이나 슈퍼마켓에서
많이 구매되는 것이 현실이다. 비식품, 패션 카테고리는 대부분
오프라인에서 온라인으로 넘어왔지만, 식품은 여전히 오프라인
유통의 비중이 크다. 그러나 최근 식품 카테고리도 점차 온라인으
로 확대되고 있는 추세다.

　　생활잡화나 패션은 경쟁이 치열해 온라인 유통이 쉽지 않지만,
식품은 상대적으로 경쟁이 적어 오히려 유리할 수 있다. 특히 충

성 고객을 보유한 식품 전문 유통 채널들이 최근 몇 년 사이 급성장했으며, 이런 채널들을 잘 공략한다면 좋은 결과를 얻을 수 있다. 이제 식품 특화 유통 채널들을 하나씩 알아보자.

프리미엄 식품 전문 온라인몰

코로나 비대면 시기를 거치며 급성장한 프리미엄 식품 유통 채널로는 마켓컬리와 오아시스마켓이 대표적이다. 이들은 엄격한 품질 관리와 퀄리티 높은 새벽 배송, 당일 배송을 무기로 매년 큰 성장을 이루어왔다. 밤 11시 전에 주문하면 다음 날 아침 7시 이전에 신선한 식품을 받을 수 있다는 점이 주부들에게 큰 인기를 끌었다. 이는 큐레이션 커머스의 성공적인 사례로 꼽힌다.

마켓컬리는 첫해인 2015년 매출 29억 원을 시작으로, 2023년에는 매출 2조 원을 돌파하며 꾸준히 성장해 왔다. 코로나가 끝난 후 급성장세는 다소 주춤했지만, 프리미엄 식품 전문몰 1위 자리는 굳건하다. 또 다른 주요 업체 오아시스마켓은 이커머스 업계에서 드문 흑자 구조를 바탕으로 마켓컬리와 함께 유니콘 기업으로 자리 잡았다. 오아시스마켓은 오프라인 매장과 차별화된 PB상품을 통해 주목받고 있다.

비교 항목	마켓컬리	오아시스 마켓
주요 특징	- 프리미엄 식품과 신선식품에 강점 - 심플한 UX 제공	- 친환경 제품과 로컬푸드 중점 - 매장 연계 픽업 서비스
배송 서비스	- 새벽 배송 및 당일 배송 제공	- 새벽 배송 - 당일 배송 - 매장 픽업 서비스 제공
배송 지역	- 수도권 및 주요 대도시 중심	- 수도권 및 지방 대도시(확장 중)
상품 구성	- 프리미엄 신선식품 - 간편식 - 건강식품 다수	- 친환경 제품 - 로컬푸드 - 소규모 농가의 신선식품
가격 정책	- 비교적 고가 - 프리미엄 이미지	- 가격대 다양 - 일부 친환경 제품은 고가
장점	- 프리미엄 제품 품질 - 간편한 UI/UX - 빠른 배송	- 친환경 제품과 로컬푸드 - 오프라인 매장 연계 픽업 가능
단점	- 가격이 높음 - 특정 지역에 한정된 배송	- 친환경 제품의 한정적 선택 - 일부 지역에서 새벽 배송 미제공
타깃 고객층	- 프리미엄 식품과 편리함을 중시하는 고객	- 친환경 및 지역 농산물에 관심 있는 고객

마켓컬리는 2019년부터 전지현을 모델로 기용해 매출을 확대했으며, 신선식품뿐 아니라 가공식품, 뷰티 상품, 비식품도 판매하고 있다. 새벽 배송과 당일 배송을 위해 주로 직매입 방식으로 운영하며, 판매 속도에 따라 유통기한이 임박한 상품은 할인을 통해 매출을 올린다.

입점은 점점 어려워지고 있지만, 각 업체의 홈페이지 하단에 있는 입점 제안 코너를 통해 신청할 수 있으며, 마켓컬리는 영업일 기준 10일 이내에 결과를 알려준다.

네이버쇼핑 푸드윈도

네이버쇼핑 푸드윈도도 식품만 전문적으로 판매하는 가성비 좋은 유통 채널이다. 푸드윈도는 스마트스토어를 운영해야 입점할 수 있는데 네이버의 막대한 고객 기반을 활용하기 때문에 노출만 잘 되면 매출 활성화에 도움이 된다. 보통 신선식품 위주이나 신선식품을 원재료로 한 가공식품도 판매된다. 푸드윈도 상위 판매자들의 경우 보통 구매 리뷰가 몇천 개, 판매량이 몇만 개 단위이다. 그렇기 때문에 푸드윈도 입점 조건에만 맞는다면 무조건 입점해서 판매를 해야 하는 유통 채널이다.

푸드윈도 카테고리

아래 5가지 카테고리별로 각각 입점 조건이 상이한데 네이버쇼핑 최하단의 '쇼핑윈도 노출 안내'를 클릭하고 '푸드윈도'를 선택하면 각 카테고리 별로 입점 조건을 확인할 수 있다. 입점 신청은 앞의 푸드윈도 입점 조건 페이지 최하단의 '1:1 문의하기'에서 할 수 있다.

문의유형

상담분류	쇼핑윈도 가입/심사 ▼	푸드윈도 ▼

상담유형을 선택해주세요. (문의내용 작성 후 상담유형 변경 시 내용이 초기화될 수 있습니다)

문의내용

제목	

내용

[신청서비스 : 산지직송]_신청서비스명 반드시 기재
1. 상호명
2. 대표자명
3. 스마트스토어명
4. 스마트스토어 URL
5. 판매상품

문의 시 주민번호, 계좌번호와 같은 개인정보 입력은 지양하여 주시기 바랍니다.
작성하신 내용에 욕설, 성희롱 등의 내용이 포함된 경우 관련 법령에 따라 조치 될 수 있습니다.

파일첨부

10MB 이하의 파일 7개까지 첨부하실 수 있으며(최대 50MB) exe, zip, pdf 등 일부 파일형식은 첨부하실 수 없습니다.

[그림 2-3] 쇼핑윈도 노출 안내

○ 산지 직송

생산자가 직접 생산하여 산지에서 고객에게 직배송되는 식품 관련 상품군

(샘플 테스트 요청할 수 있으며 테스트 결과에 따라 입점 불가 및 퇴점 가능)

○ 지역 명물

지역 하면 떠오르는 식품이나 지역 시장 내 매장을 보유하여 직접 생산하

고 고객에게 직배송되는 상품군(샘플 테스트 요청할 수 있으며 테스트 결과에

따라 입점 불가 및 퇴점 가능)

○ 전통주

주류 중 전통주 면허를 받아서 생산한 상품군

무조건 성공하는 온라인 유통&마케팅

○ 간편집밥

　코로나 시대에 급성장한 밀키트, 간편식품 상품군

○ 헬시

　우리나라의 소득수준이 높아져 감에 따라 각광받고 있는 건강식품 상품군

대기업 운영 식품전문몰

　동원F&B가 운영하는 온라인 식품 전문 쇼핑몰 '동원몰'은 가파른 성장세를 보이고 있다. 2007년에 오픈한 동원몰은 동원F&B, 동원산업, 동원홈푸드 등 동원그룹 관련 1,000여 종의 식품과 타사 식품, 생활용품까지 약 10만 종의 상품을 판매 중이다. 2007년 첫해 매출 2억 원에서 시작해 매년 50% 이상의 성장률을 기록하며, 2021년에는 회원 수 70만 명을 돌파했다.

　동원몰은 대기업의 자금력과 동원 제품의 충성 고객을 바탕으로 회원 등급별 할인 쿠폰과 쇼핑 지원금 등 다양한 혜택을 제공해 식품 구매 고객을 끌어모았다. 특히, 고객 성향을 철저히 분석하고 요구를 반영한 서비스들이 성장의 주요 요인이다. 그중 '밴드배송' 서비스는 동원 제품 1,000여 개와 코스트코, 대형 할인마트 상품을 묶어 배송하는 서비스로 큰 호응을 얻고 있다.

동원몰 입점 제안
(동원몰 홈페이지
하단 '신규 입점'
클릭)

또한, 동원몰은 식품 제조사 기반 쇼핑몰로는 최초로 모델 마케팅을 진행했으며, 식품 전문 인공지능 챗봇 '푸디Foody'도 론칭했다. 이러한 여러 장점 덕분에 식품 전문몰 중에서도 대기업이 운영하는 동원몰에 입점하는 것이 유리한 선택이다.

동원몰 입점 프로세스		
❶ ≫ 입점 신청서 작성	**❷ ≫ 업체 상담**	**❸ ≫ 협력사 등록**
신규 입점은 온라인을 통해서 접수 받는 것을 원칙적으로 하고 있습니다. [상품 입점 신청서]를 작성하시면 동원몰 담당자가 검토한 후 7일 이내에 연락드리겠습니다. • 첨부 서류: 입점 상품 제안서, 회사 소개서, 제품 인증 서류(식품안정, 친환경 인증 등 제품 안정성 관련)	위탁 판매에 대한 거래 조건(수수료율, 배송 방식 등)을 담당 MD와 협의합니다. • 제출 서류: 사업자등록증	협력업체 등록 후 담당자 이메일로 SCM 관리자 화면 사용을 위한 안내 및 계약 관련 서류를 전달합니다.

우체국 쇼핑몰

우체국 쇼핑몰은 농어촌 지역 경제 활성화를 위해 시작된 산지 직송 서비스로, 우정사업본부가 운영하는 공공 온라인 쇼핑몰이다. 1986년 농수산물 수입 개방(우루과이라운드) 이후 농어민들이 판로 개척에 어려움을 겪으면서, 우체국 쇼핑은 전국 우체국 네트워크를 통해 소상공인과 생산자를 소비자와 직접 연결해 안심 먹거리를 제공해 왔다. 이로 인해 우체국 쇼핑몰은 정부와 지자체의 전폭적인 지원을 받아 지역 특산물 판매에 큰 강점을 지니고 있다. 또한, 우체국의 방대한 고객 기반을 활용해 고정적인 충성 고객이 많다는 점도 차별화된 강점이다. 우체국 쇼핑몰은 9,000여 개의 공급사와 10만여 개의 상품을 판매하며, 누적 매출액은 2조 7천억 원에 달한다.

우체국 쇼핑은 지자체 및 정부 기관과 연계해 다양한 행사를 열어 상품의 메리트를 높이고, 고객 만족도도 매우 높다. 또한, 우체국은 B2B 사이트인 '우체국 B2B'도 운영 중이며, 입찰 구매, 공동 구매, 법적 의무 구매 등으로 인해 높은 거래액을 기록하며 B2B 업계에서도 주목받고 있다.

입점 신청

- 우체국 쇼핑몰 홈페이지 하단 '입점 안내' 클릭
- 우체국 쇼핑몰은 입점 심사를 깐깐하게 하는 편이라 준비해야 할 것이 많다.

식품유형별
추가 서류

공통 입점 서류

- 우체국 쇼핑 양식 입점 신청서(인감날인 필수)
- (필수) 사업자등록증(사본)
- (필수) 통신판매업 신고증 또는 주류 통신 판매업 신고증(사본)
- (필수) 법인 또는 대표자 명의 우체국 통장(사본)
- (필수) 법인 인감증명서 또는 개인사업자의 경우

  대표자 개인 인감증명서(사본)

  ※ 추후 계약 진행 시 원본 제출
- (해당) 법인 등기부등본(사본)
- (해당) 영업등록증, 공장등록증(사본)

네이버 식품 공동구매 카페

네이버 카페 중에 신선식품 및 지방 특산물 중심의 공동구매 카페들이 있다. 이 카페들에서는 신선식품이 주력이지만 신선가 공품 및 가공식품들도 활발히 거래가 이루어지고 있다. 솔직히 정식적인 유통 채널이라고 하기는 그렇지만 야전에서는 상당히 인지도 있고 유명한 공동구매 카페들이다. 보통 일정 금액을 내고 판매자 등록을 하고 게시판에 본인의 상품을 올려서 판매를 하는 시스템인데 많은 회원 수를 바탕으로 거래가 활발히 이루어진다.

일반 공동구매 카페들과 달리 판매자 등급제도 운영하고 있으며 나름 관리가 되고 있다. 그러나 온라인 공동구매의 특성상 사기 등 거래상의 문제가 발생할 수 있으니 주의해야 한다.

주요 온라인 식품 공동구매 카페	
농라	농산물, 수산물 직거래 카페 회원 수 127만 명
농라(RE)스타트	수산물 직거래 카페, 회원 수 8.3만 명
농라마트	농산물, 수산물, 가공식품 직거래 카페, 회원 수 33만 명

CHAPTER 05

무재고 배송 대행 판매: 매력적인, 그러나 쉽지 않은 유통

●●●　　　만약 자본이 거의 없는 상태에서 유통을 시작하려 한다면, 사입 판매는 어려울 것이다. 이때, 많은 사람들이 B2B 무재고 배송 대행 판매 광고를 접하게 되고, 이를 통해 유통을 시작할 가능성이 높다. 상품을 사입하지 않고, 공급업체가 제공한 상세페이지를 온라인 쇼핑몰에 올려 고객 주문이 들어오면 공급업체에 발주를 넣고, 공급업체는 고객에게 직접 배송을 해주는 방식이다. 이 방법은 자본이 부족한 사람들에게 매력적이며, 월 천만 원 수익을 기대하며 시작하는 이들도 많다.

2000년대 중반에 처음 등장한 B2B 무재고 배송 대행 판매 방식은 당시 혁신적이었다. B2B 도매몰, 공급업체, 판매자가 모두

원하는 것을 충족시키며 시장 규모가 커졌고, 많은 사람들이 높은 수익을 올렸다. 그러나 지금은 경쟁이 매우 치열해져, 과거에 10명이 팔던 상품을 이제는 100명이 판매하는 상황이 되었다. 물론 판매자도 많아졌지만, B2B 도매몰에서 취급하는 상품도 많아졌다.

무재고 배송 대행 판매에 대해 부정적인 의견도 많지만, 필자는 여전히 유통 경험과 자본이 부족한 초보자들에게 좋은 시스템이라고 생각한다. 무재고 배송 대행 판매는 상품 선정, 시즌 분석, 키워드와 카테고리 선정, 홍보와 광고 기법을 시험하고 익힐 수 있는 좋은 기회다. 실제로 열심히 하면 월 천만 원 이상의 수익을 올리는 사람들도 있다. 필자는 제대로 교육을 받고, 하루 8시간씩 2~3년 꾸준히 노력하면 월 300만 원 순수익을 올릴 수 있다고 본다.

무재고 판매의 성공률이 낮다는 이유는 대부분의 사람들이 충분한 노력 없이 포기하기 때문이다. 직장에서 배우는 것처럼, 하루 8시간씩 2~3개월 공부한다고 무재고 판매의 모든 것을 알 수 있는 것이 아니다. 아이템 선정, 마케팅, 광고, SNS 활용, 로그 분석 등 많은 것을 알아야 한다. 이를 꾸준히 배우고 실천한다면, 무재고 배송 대행 판매도 좋은 성과를 거둘 수 있다.

B2B 도매몰 교육센터에서 열심히 배우고, 상위 판매자들의 노하우를 배우는 것도 중요하다. 많은 판매자가 초심을 잃고 느슨해

지기 때문에 더 이상 발전이 없는 경우가 많다. 하지만 2~3년 동안 꾸준히 노력했는데도 순수익이 300만 원이 안 된다면, 본인과 이 방식이 맞지 않는다고 판단하면 된다.

그렇지만 대부분의 경우, 성실하게 노력한 사람들은 월 300만 원 이상의 수익을 올리게 된다. 무재고 판매에서 시작해 사업 판매, 해외 수입, 상품 개발로 확장할 수 있는 발판을 마련할 수 있으며, 이는 유통 마케팅 실력과 매출, 인맥을 넓히는 기회가 된다. 무재고 판매로 월 천만 원 이상을 버는 것은 쉽지 않지만, 차츰 실력과 경험이 쌓이면 더 큰 매출을 올리는 다른 길도 보일 것이다.

일반적으로 무재고 판매의 수익률은 10~15%로 알려져 있으며, 매출이 클수록 수익률은 떨어지지만, 시작하는 입장에서 무재고 배송 대행 판매는 유통을 배우기에 좋은 출발점이다.

무재고 판매 = 무자본 판매?

많은 사람들이 무재고 판매를 무자본 판매로 착각한다. 내가 상품을 등록한 쇼핑몰에서 주문이 들어오면 그때 발주를 넣고 돈을 지불하기 때문에 무자본 판매라고 생각할 수 있다. 일부 B2B 배송 대행 도매몰에서도 판매자 모집을 위해 이렇게 홍보하지만, 엄밀히 말하면 사실이 아니다. 그 이유는 각 쇼핑몰별로 정산 기간이 있기 때문이다. 예를 들어, G마켓이나 11번가 같은 오픈마켓에서는 고객이 주문해도 판매 대금을 바로 받는 것이 아니라, 구매 확정을 하지 않으면 약 10~12일 후에 받는다. 쿠팡의 경우는 거의 60일이 걸린다.

판매자는 주문이 들어오면 B2B 배송 대행 도매몰에 바로 입금을 하지만, 고객에게서 결제 대금을 받는 데는 시간이 걸린다. 매출이 적을 때는 수중 자금으로 해결할 수 있지만, 매출이 커지면 문제가 발생할 수 있다. 예를 들어, 매출이 월 천만 원이라면 적어도 500만 원의 자금이 필요하고, 월 5천만 원이라면 2천5백만 원 정도는 있어야 운영이 가능하다. 자금이 없다면 대출을 받아야 할 수도 있다. 따라서 무재고 판매를 무자본 판매라고 하는 것은 엄밀히 말해 사실이 아니다.

이 외에도 기본적으로 들어가는 비용이 있다. 여러 쇼핑몰에 많은 상품을 올리고 주문 수집, 발주, 고객 응대를 도와주는 통합 솔루션과 매출 분석을 위한 로그 분석기는 상위 판매자로 성장하기 위해 필수적이다. 또한, 일부 B2B 도매몰에서는 교육비나 시스템 사용료를 받는 경우도 있어, 매달 고정적으로 들어가는 비용이 발생한다.

구분	장점	단점
일반 판매	- 상품 선택권이 넓다. - 상품에 대한 노하우 축적이 가능하다. - 다양한 판매 전략 구사가 가능하다. - 나만의 상품을 만드는 데 유리하다.	- 자본이 많이 필요하다. - 유통 노하우의 중요성이 커진다. - 상품에 대한 정보가 부족하면 판매가 어렵다. - 재고에 대한 모든 부담을 가진다. - 초기 인건비 투자가 많다.
무재고 판매 장단점	- 자본이 적어도 된다. - 상품 정보가 부족해도 판매가 가능하다. - 재고에 대한 부담이 없다. - 초기 인건비 투자가 없다.	- 상품 선택권이 적다(도매사이트에서 공급하는 상품 위주). - 가격 경쟁력이 부족하다. - 동일한 상품을 파는 다수의 경쟁자가 있다. - 상품에 대한 노하우 축적이 안된다. - 나만의 디자인 및 상품 설명을 만드는데 제한이 있다.

무재고 판매 상품 확보

무재고로 판매할 상품들은 찾아보면 몇백만 개는 된다. 일단 수많은 B2B 배송 대행 도매몰들이 가지고 있는 상품들만 해도 어마어마하다. 대표적인 B2B 배송 대행 도매몰들은 아래와 같다.

○ 온채널, 오너클랜, 도매토피아, 젠트레이드, 도매매, 도매창고, 펀앤

이 정도 레벨의 B2B 배송 대행 도매몰들은 판매자 교육과정이 잘 갖춰져 있으며, 운영 시스템도 탄탄하다. 각 도매몰마다 특징과 장단점이 다르니, 1일 무료 교육을 들어본 후 결정하면 된다. 예를 들어, 온채널은 대량 등록 솔루션보다는 스마트스토어 수작업 등록 판매에 중점을 두고 교육한다. 그러나 주의할 점은 이들 도매몰이 워낙 유명해 판매자 수도 많다는 것이다. 내가 선택한 상품을 다른 판매자들도 선택해 경쟁이 매우 치열해진다.

이 대표 도매몰들은 모든 카테고리를 취급하지만, 패션, 잡화, 가공식품, 문구, 판촉물 등 특정 카테고리만 취급하는 B2B 도매몰들도 상당히 많다.

특화 배송 대행 도매몰

- ○ 셀리클라우드(판촉물)

- ○ 신우B2B (언더웨어)

- ○ 모두세일(유아용품/장난감/문구/팬시)

- ○ 나이스펫(애완용품)

- ○ 3MRO (산업용품)

- ○ Bonfeel(신발)

- ○ 팬시짱(패션잡화)

- ○ 비셀러(식품)

○ 국민클럽비투비(SNS 등 폐쇄몰 전용상품)

특화된 배송 대행 도매몰 9곳을 소개했지만, 인터넷에서 조금만 찾아보면 수백 개의 도매몰을 쉽게 찾을 수 있다. 위에 언급한 카테고리 특화 도매몰들은 온채널, 오너클랜 같은 대형 B2B 도매몰들에 비해 교육 시스템, 상품 구색, 고객 서비스, 운영 시스템 면에서 부족할 수 있지만, 장점은 판매자 수가 적다는 것이다. 이는 같은 상품을 판매하는 경쟁자가 적어 상대적으로 매출을 올리기 유리하다는 의미다. 운이 좋으면 나와 맞는 숨은 보석 같은 상품을 발견할 수도 있다.

대부분의 무재고 판매자들은 시스템이 잘 갖춰진 편리한 B2B 도매업체를 선호한다. 하지만 시스템이 잘 되어 있다는 것은 경쟁이 치열하다는 것을 뜻한다. 불편하고 어려워도, 다양한 카테고리의 소형 도매몰에서 나와 궁합이 맞는 곳을 찾는 것이 중요하다. 월 천만 원 이상의 수익을 목표로 한다면 대형 도매몰뿐만 아니라, 특화된 소형 도매몰에서 우수한 상품을 소싱하는 것도 유리하다.

다만, 일부 비양심적인 도매몰은 높은 교육비와 시스템 사용료를 요구하면서도, 판매에 필요한 서비스는 부실한 경우가 많으니 주의가 필요하다.

무재고 배송 대행 판매의 원리

무재고 배송 대행 판매에 대한 이해가 부족한 사람은 이렇게 얘기할 것이다.

'동일한 상품을 수십, 수백 명이 판매하면 최저가만 판매되는 거 아닌가요?'

무재고 배송 대행을 무조건 무자본 판매라고 생각하는 사람들이 많지만, 이는 사실이 아니다. 고객이 구매를 결정하는 요인은 단순히 가격만이 아니기 때문이다. 물론 최저가가 중요하긴 하지만, 무료 배송, 사은품, 블로그나 SNS 링크, 상품명, 구매평, 판매자 등급 등 다양한 요인이 구매에 영향을 미친다. 가격이 50% 이상의 영향을 미치더라도, 나머지 요소들이 종합적으로 구매 결정을 좌우한다.

예를 들어, 동일한 상품이라도 최저가인데 구매평이 없고 판매자 등급이 낮은 경우와, 가격은 조금 더 비싸지만 구매평이 많고 판매자 등급이 높은 경우 중 어느 쪽을 선택할 것인가? 또한, 동일 상품이라도 카테고리나 키워드 선정에 따라 검색 결과가 달라진다. 이런 요소들은 온라인 판매에서 매우 중요한 부분이다. 따라서 판매자는 키워드와 카테고리 선정에 대해 꾸준히 공부해야 한다. 동일 상품을 판매하는 판매자가 수백 명이라도, 내 상품만 특정 키워드로 노출된다면 최저가가 아니어도 판매될 가능성이 높다.

대부분의 무재고 판매자들은 오픈마켓, 소셜커머스, 스마트스토어 등에 수천에서 수만 개의 상품을 등록하여 판매한다. 예전에는 상품 등록 수에 제한이 없었지만, 대량 등록으로 인해 서버에 부담이 생기면서 현재는 상품 등록 수 제한이 생겼다. 그럼에도 불구하고, 내가 등록한 상품 중 하나라도 팔리면 성공이다. 잘 팔리는 상품은 포털 광고나 SNS 광고를 통해 추가적으로 마케팅할 수도 있다.

무재고 판매의 핵심은 우연히 상품을 검색하고 구매하는 고객을 많이 만들어 내는 것이다. 이를 위해서는 마케팅, 홍보, 광고, SNS, 통합 솔루션, 로그 분석 등에 대해 알아야 한다.

또한, 배송 대행 도매몰의 상품 중 상당수는 중국에서 수입된 상품이다. 판매가 잘 되는 상품이 있다면, 알리바바 등에서 직접 수입하는 것도 고려해 볼만하다. 이미 판매 검증이 된 상품을 직접 수입하면 가격 경쟁력도 확보할 수 있어, 무재고 셀러에서 정식 수입 유통업체로 성장할 수 있다. 알리바바나 1688 같은 사이트에서 배송 대행 도매몰과 동일한 상품을 쉽게 찾을 수 있으며, 실제로 이런 방식으로 성장한 사례가 많다. 직접 판매하거나 도매로 공급하는 방식으로 확장할 수도 있다. 중국 수입은 어렵지 않으니, 배송 대행 도매몰 상품만 고집하지 말고 수입 유통업체로 나아가는 것도 좋은 방법이다.

배송 대행 도매몰 시스템

일반적인 배송 대행 도매몰들의 판매 프로세스는 다음과 같다.

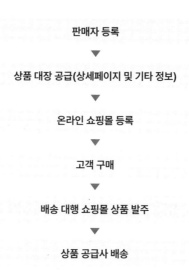

배송 대행 도매몰의 판매자 가입 조건은 일반과세자 또는 법인 사업자여야 한다. 도매 거래이기 때문에 세금계산서를 처리할 수 있어야 하며, 간이과세자는 가입이 불가능하다. 배송 대행 도매몰은 일반적으로 적립금 시스템으로 운영되는데, 일정 금액의 적립금을 충전해 놓고 상품 발주 시마다 차감하는 방식이다. 대부분 무통장 현금 입금을 통해 적립금을 충전하며, 신용카드 결제는 거의 지원하지 않는다.

오픈마켓, 소셜커머스, 스마트스토어에 등록하는 상품 대장은 보통 엑셀 파일로 제공되며, 이 상품 대장은 각 도매몰의 핵심 경쟁력 중 하나다. 상품 발주는 엑셀 파일이나 도매몰의 자체 시스템을 통해 이루어진다.

배송 대행 도매몰 이용 시 가장 어려운 점 중 하나는 반품, 교환, 취소 등 고객 컴플레인이 발생할 때다. 내가 직접 상품을 다루는 것이 아니기 때문에 구매자, 판매자, 도매몰, 공급업체까지 4단계를 거쳐야 해결된다. 특히 투잡으로 무재고 판매를 하는 판매자들은 고객 컴플레인 처리에서 어려움을 겪고 포기하는 경우가 많다. 회사에서 일하는 도중에 여러 건의 컴플레인이 발생하면 처리 과정이 복잡하고 시간이 많이 소요된다. 게다가 도매몰마다 컴플레인 처리 방식이 달라, 여러 도매몰의 상품을 취급하는 경우 스트레스가 커질 수 있다.

오픈마켓 및 스마트스토어 등록 가능 상품 숫자

몇 년 전만 해도 오픈마켓에 몇십만 개의 상품을 등록하는 것이 가능했으나 무재고 대량 등록 판매자들이 많아짐에 따라 오픈마켓들에서 서버의 부담을 줄이기 위해 등록 상품의 숫자를 제한하고 있다. 사실 무재고 대량 등록 판매의 경우 관리가 가능한가의 여부는 차지하고 등록 상품의 숫자가 곧 매출이라고 할 수 있을 정도로 큰 영향을 끼친다. 오픈마켓들에서 등록 상품 수량을 제한하고 있기 때문에 상품 선정을 신중히 해야 한다. 오픈마켓 및 스마트스토어 등록 가능 상품 숫자는 아래와 같다.

오픈마켓 및 스마트스토어 등록 가능 상품 숫자	
G마켓	2,000 ~ 10,000개
옥션	2,000 ~ 10,000개
11번가	5,000~ 10,000개
쿠팡	10,000 ~ 50,000개 (월 매출 4천만 원 이상이면 무제한 등록 가능)
롯데온	2,000개
스마트스토어	10,000 ~ 50,000개

G마켓·옥션은 직전 3개월 월평균 매출이 500만 원 이상 시 1만 개 등록이 가능하다. 스마트스토어는 판매자 등급별로 등록 상품 수가 상이한데 19년 4월 이전에는 1등급 기준 최대 80만 개까지 등록이 가능하였으나 19년 4월 이후로는 1~3등급 5만 개, 4~5등급은 1만 개 등록이 가능하도록 규정이 변경되었다. 그리고 11번가는 1일 등록 가능한 상품 수가 최대 500개라는 것도 알아둬야 한다. 11번가에 1만 개 등록하려면 하루 500개씩 20일이 걸린다.

네이버 연동 독립 쇼핑몰을 이용한 무재고 판매

오픈마켓과 스마트스토어의 상품 등록 수 제한으로 인해 무재고 판매자들의 매출이 전반적으로 하락하는 추세다. 이에 따라 고도몰을 이용하거나 네이버쇼핑과 연동 가능한 독립 쇼핑몰을 통해 무재고 판매를 시작하는 사람들이 늘고 있다. 고도몰은 네이버에서 제공하는 유료 쇼핑몰로, 최대 50만 개의 상품 등록이 가능하며, 나만의 쇼핑몰을 구축하고 네이버쇼핑에 노출될 수 있는 장점이 있다. 더 많은 상품을 등록하고 싶은 판매자들이 고도몰을 선호하는 이유다.

고도몰을 사용하는 대량 등록 판매자들은 상품 노출을 위해 주로 네이버 광고를 활용한다. 일부 배송 대행 도매몰들은 고도몰과 연동된 시스템을 개발해 일정 사용료를 받고, 도매몰 상품을 몇십만 개씩 고도몰에 등록해 판매하는 방식으로 무재고 판매자를 모집한다. 이 경우, 네이버 광고를 얼마나 잘하느냐가 매출에 큰 영향을 미친다.

고도몰 외에도 네이버쇼핑과 연동되는 독립 쇼핑몰을 분양받아 몇십만 개의 상품을 등록하고 판매하는 방법도 있다. 독립 쇼핑몰은 유지와 관리에 필요한 시스템 사용료를 본사에 지불해야 한다. 이러한 방식은 네이버와 밀접한 관계를 맺고 있으며, 대량 상품 등록, 네이버쇼핑 자동 노출, 시스템을 통한 손쉬운 관리가 핵심이다. 예를 들어, 셀리클라우드(www.sellycloud.com) 같은 업체는 네이버쇼핑에 노출되는 판촉용 기프트몰을 분양하고 5만여 개의 상품을 공급하고 있다.

무재고 해외 구매 대행 판매

외국 상품을 해외 직구로 구매 대행하여 판매하는 무재고 방식도 있다. 이 방식은 언어, 수입, 배송 등의 문제가 있지만, 국내 배송 대행보다 위험부담은 크더라도 마진이 더 높다. 해외 쇼핑몰에 등록된 상품을 국내 오픈마켓이나 스마트스토어에 등록한 후, 주문이 들어오면 해외 쇼핑몰에 발주를 넣어 고객에게 직접 배송하는 방식이다. 구매 대행은 15년 전부터 이어져 왔으나, 경쟁 심화와 해외 직구 활성화로 인해 하향세를 걷고 있다. 그러나 최근 몇 년 동안 새로운 해외 구매 대행 방식이 등장했다.

이 방식은 IT 스크래핑 기술을 이용해 아마존, 이베이, 타오바오 같은 해외 쇼핑몰의 상품 상세페이지를 그대로 가져와, 약간의 번역 작업을 거쳐 국내 오픈마켓이나 스마트스토어에 등록하는 것이다. 스크래핑 시스템을 갖춘 도매업체들이 이런 방식으로 무재고 해외 상품 판매자를 모집하고 교육하고 있다. 이 방식은 국내 무재고 배송 대행보다 더 어렵고 복잡하지만, 경쟁이 적고 수익이 높다. 상품 상세페이지가 외국어로 되어 있어도 구매하는 고객들이 의외로 많다. 대개 상품명과 기본 정보만 번역해 등록하지만, 상세페이지를 번역하면 매출과 수익이 더 좋다.

현재 샵플링(www.shopling.co.kr) 같은 업체에서 이러한 무재고 해외 직구 판매를 지원하고 있다.

국민클럽비투비
- 폐쇄몰 전문 B2B 유통 플랫폼

국민클럽비투비는 오랜 오프라인 유통 경험을 바탕으로, 제조사와 판매사, 고객 모두가 만족할 수 있는 온라인 B2B 플랫폼을 목표로 국민레저산업(주)이 기획한 서비스다. 이 플랫폼은 제조사 직거래 시스템을 도입하여 경쟁력 있는 상품만이 등록되며, 홈쇼핑 인기 상품, 폐쇄몰 상품 등 다양한 카테고리를 제공하고 있다.

제조사는 가격 노출에 대한 걱정 없이 안전하게 판매할 수 있으며, 판

공동구매 상품공급

폐쇄몰, 복지몰,
임직원몰 상품공급

고객, 렌탈, 보험
각종 사은품 공급

오프라인 매장

해외 역직구, 수출
해외구매 대행

라이브커머스
상품공급

[그림 2-4] 국민클럽비투비 제공 서비스

매사는 가격 경쟁에서 벗어나 안정적인 공급처를 확보할 수 있는 장점이 있다. 또한, 고객은 가성비 좋은 상품을 구입하여 만족도를 높일 수 있다.

국민클럽비투비는 사업자 전용 플랫폼으로, 영업 관련 사업자만 회원 가입이 가능하고, 가격 노출이 불가피한 오픈마켓, 소셜커머스, 스토어팜 등은 가입이 제한된다. 반면, 폐쇄몰, 복지몰, 특판, 사은품 시장에서는 이 플랫폼의 활용 가치가 매우 크다.

일반적인 B2B 플랫폼의 경우 방대한 상품 관리가 필요하여 품절, 단종, 단가 변동 등을 실시간으로 처리하지 못해 가격 경쟁력이 떨어진다는 오해가 있을 수 있다. 국민클럽비투비는 이러한 단점을 보완하기 위해 상품 관리에 큰 투자를 하고 있으며, 실시간으로 신상품 업데이트, 품절, 단종, 가격 변동을 관리하여 경쟁력을 강화하고 있다.

국민클럽비투비는 제조사와 판매사의 어려움을 해결하고, 고객 만족도를 높이며 온라인 B2B 플랫폼 시장에서 확고한 위치를 다져가고 있다. 특히 폐쇄몰 판로를 개척하고자 하는 제조사나 수입업체에게 국민클럽비투비 입점을 적극 추천한다.

국민클럽비투비
소개 영상

유통·물류·무역 전문 B2B 플랫폼 - 온채널

유통·물류·무역 전문 B2B 플랫폼 온채널은 제조사에게는 새로운 판로 개척의 솔루션을, 판매사에게는 우수한 신제품 발굴의 기회를 제공하는 중요한 역할을 하고 있다. 온채널은 판매사를 찾는 제조사와 경쟁력 있는 상품을 찾는 판매사를 연결하기 위해 지속적으로 노력하고 있다.

온채널의 핵심 서비스는 유통 마케팅으로, 현재 1만 개의 입점사와 3만 명의 판매사가 활발히 활동 중이다. 온채널에 입점하면 단기간에

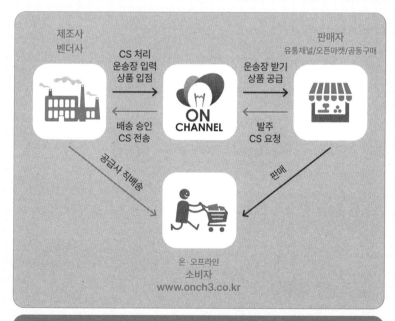

[그림 2-5] 온채널 국내/외 상품 공급 흐름도

다양한 유통 및 콘텐츠 경로를 확보하고 매출 상승을 기대할 수 있어 입점사들로부터 큰 호응을 받고 있다. 또한, 고품질의 세분화된 상품 데이터를 제공하여 판매사들 사이에서도 인기를 끌고 있다.

온채널은 유통센터, 데이터센터, 무역센터, 마케팅센터, 교육센터, 창업센터, 소상공인 평생교육원까지 운영하며 각 분야별로 전문적인 서비스를 제공하고 있다. 유통센터는 제조사의 원활한 유통을 위해 국내 종합몰, 전문몰, 오픈마켓, 폐쇄몰, 공동구매, 소셜커머스 등 다양한 경로를 지원하고 있다. 무역센터는 상품 데이터를 해외 셀러에게 직접 제공하며, 안정적인 해외 물류 시스템을 갖추어 수출을 계획하는 제조사의 큰 관심을 끌고 있다.

또한, 가격 안정성을 원하는 제조사들을 위해 온채널은 폐쇄몰도 운영 중이다. 2024년에는 중국 1위 도매쇼핑몰 1688과 제휴하여 1688의 상품을 쉽게 구매할 수 있는 서비스를 제공함으로써 글로벌 확장에도 힘쓰고 있다.

온라인 B2B 유통시장의 선도자인 온채널은 앞으로도 지속적으로 시스템을 발전시켜 나가며 더 다양한 지원과 혁신을 도모할 계획이다.

CHAPTER 06

틈새 전문몰 공략:
어설픈 대기업 대형몰보다 알찬 니치 마켓

●●●　　　무신사, 마켓컬리, 에이블리, 오늘의집, 아이디어스, 텐바이텐, 이유몰, 강아지대통령 등의 쇼핑몰을 들어본 적이 있는가? 쿠팡, 네이버쇼핑, G마켓, 11번가 등과 같은 대형 유통 채널에 비해 덜 알려졌지만, 이들 전문몰은 특정 카테고리에서 많은 충성 고객을 보유하고 있다. 대형몰이 모든 카테고리의 상품을 다루는 반면, 전문몰은 특정 카테고리의 상품을 깊이 있게 다루며 대형몰보다 더 다양한 모델과 브랜드를 취급한다.

전문몰은 코로나 시기에 급성장하여 무신사, 마켓컬리는 매출이 조 단위에 이르고, 에이블리, 지그재그, 오늘의집도 거래액이 수천억 원에 달한다. 오픈마켓은 트래픽이 많고 입점은 쉽지만, 광고 없이는 상품 노출이 어렵고, 종합몰은 입점 절차가 까다롭다. 반면, 전문몰은 틈새를 공략하여 특정 마니아층을 타깃으로 하고 있어 대형몰보다 입점이 상대적으로 쉽고, 광고비 부담이 적다.

특히, 전문몰은 대형몰이 따라올 수 없는 깊이 있는 상품 구색과 가격 경쟁력을 갖추고 있어 마니아 고객들이 충성 고객이 될 가능성이 높다. 전문몰 창립자는 해당 카테고리에 대한 전문 지식을 가진 경우가 많아, 오랜 경험을 바탕으로 창업하는 경우가 흔하다. 전문몰은 대형몰에서 잘 팔리지 않는 프리미엄 상품이나 단가가 높은 상품도 충성 고객을 통해 높은 매출을 올릴 수 있다.

전문몰은 입점이 대형몰보다 용이하며, 수수료와 정산 조건은 몰마다 다르지만, 광고비 부담이 적고 충성 고객에게 노출되기 때문에 매출을 올리기 유리하다. 특히, 패션, 식품, 인테리어, 수제품 전문몰이 최근 성장세를 보이고 있다.

이제 각 카테고리별 유명한 전문몰을 하나씩 살펴보자.

뷰티몰

뷰티몰은 Cj 올리브영, 롭스 같은 오프라인 H&B 스토어의 온라인 판이라고 생각하면 된다. 주로 뷰티용품, 화장품 및 기타 미용용품들을 판매하는데 최근에는 뷰티 상품 이외에 다양한 여성

무조건 성공하는 온라인 유통&마케팅

상품으로 확장하는 트렌드이다.

○ 화해(모바일어플), 언니의파우치(모바일어플), 미미박스, SKINRX

위에서 언급된 뷰티몰들은 온라인에서 오프라인 H&B 스토어인 CJ올리브영과 맞먹는 영향력을 지니고 있으며, 충성 고객과 매출도 상당하다. 이들 뷰티몰은 주로 모바일 앱으로 운영되며, 단순 상품 판매를 넘어 체험단, 이벤트, 뷰티 인플루언서 연계 행사 등이 활발하게 진행된다. 신규 출시되는 중소 뷰티 브랜드는 대개 이들 뷰티 전문몰에 입점해 체험단과 이벤트를 통해 브랜드 홍보와 판매를 병행한다.

신규 브랜드가 오프라인 H&B 스토어에 바로 입점하는 것은 쉽지 않기 때문에, 뷰티 전문몰에서 브랜드를 알리고 홍보하면서 오프라인 입점을 추진하는 전략을 많이 사용한다. 뷰티몰 상위 업체에서 체험단이나 이벤트를 진행하는 비용은 매우 높으며, 입점 시 수수료도 평균 25% 이상으로 높은 편이다. 중소 뷰티업체들은 온라인 뷰티몰이나 뷰티 앱에서의 성공 여부가 브랜드 성공을 좌우할 만큼, 이들의 영향력은 매우 크다.

패션 전문몰

패션 잡화 분야에도 유명한 패션 전문몰이 많다. 패션 전문몰은 스타일난다처럼 개인 쇼핑몰에서 시작해 성장한 후 패션 편집샵으로 발전하는 경우가 많으며, 이들 편집샵은 콘셉트를 선호하는 충성 고객을 다수 확보하고 있어 입점 시 고정 매출이 어느 정도 보장된다. 무신사, 지그재그, 에이블리 같은 플랫폼은 전문몰이라기엔 규모가 크며, 일 방문자 수는 종합 쇼핑몰을 능가할 정도다. 특히, 특A급 패션 전문몰은 입점 시 높은 매출을 기대할 수 있지만, 입점 경쟁이 치열하다.

패션 잡화의 경우, 쿠팡이나 오픈마켓 같은 종합 쇼핑몰보다 이러한 패션 전문몰에서의 매출이 훨씬 더 큰 경우가 많다.

○ 무신사, 에이블리(모바일어플), 지그재그(모바일어플), 스타일쉐어(모바일어플), W콘셉트(모바일어플), (모바일어플), 신상마켓(모바일어플-도매)

얼리어답터몰

얼리어답터몰의 대표주자인 편샵은 발전 가능성을 본 CJ오쇼핑에 인수되어 운영 중이다. 편샵은 높은 충성도를 보이는 고객들을 확보하고 있으며, 트렌디한 차별화된 상품들은 대형 쇼핑몰보다 훨씬 높은 매출을 기록하는 경우도 많다. 특히, 남성 고객들은 편샵의 독특한 상품에 큰 관심을 보이며 마니아층을 형성한다.

상품 상세페이지는 공급업체가 아닌 얼리어답터몰의 전문 에디터들이 직접 제작하여, 그 퀄리티는 국내 최고 수준이다. 이러한 우수한 페이지를 통해 자연스러운 구매 전환이 이뤄진다. 남성 충성 고객층이 늘어나면서, 편샵은 온라인뿐만 아니라 오프라인 매장도 운영 중이며, 최신 인기 상품들로 구성된 매장을 동시에 운영하고 있다.

○ 편샵

디자인몰

수예, 문구, 주방, 가전, 조명 등 다양한 상품을 취급하는 디자인몰은 20~30대 여성 고객을 타깃으로 한 차별화된 디자인을 가진 상품이라면 입점을 고려할 만하다. 디자인몰의 잠재력을 눈여겨본 대기업 SK는 텐바이텐을, 무신사는 29cm를 인수해 운영하고 있다. 오픈마켓이나 종합몰에서 판매가 어려운 프리미엄 트렌디 상품들도 디자인몰에서는 잘 팔리는 경우가 많다. 이러한 몰에는 특정 상품을 열광적으로 찾는 마니아 고객층이 두터워, 일부 프리미엄 트렌디 상품 수입 업체들은 오픈마켓, 종합몰, 스마트스토어에는 상품을 등록만 해두고 실제 매출은 디자인몰에서 대부분 올리기도 한다.

디자인몰은 잘 팔리는 상품의 경우 사입 조건으로 운영되기도 하며, 전반적으로 수수료가 높다. 상위권 디자인몰의 경우 수수료는 25~40%에 이르기도 한다. 텐바이텐은 오프라인 매장도 함께 운영하고 있어 온라인과 오프라인에서 동시에 판매할 수 있는 장점이 있다.

○ 29cm, 텐바이텐

판촉·사은품몰

선물용, 홍보용 판촉·사은품을 취급하는 전문몰은 저렴한 가격으로 놀라움을 주는 경우가 많다. 판촉·사은품몰에서 사입한 상품을 오픈마켓, 스마트스토어, 소셜커머스에서 판매하는 사례도 흔하다. 이 때문에 판촉·사은품몰은 소매보다는 도매 판매가 주를 이룬다.

일부 판촉·사은품몰에서는 개인이 운영할 수 있는 폐쇄몰을

무조건 성공하는 온라인 유통&마케팅

분양하며, 동시에 판매할 상품도 제공한다. 이는 소자본 유통 창업의 하나의 방향으로 성장하고 있다. 셀리클라우드에서 제공하는 분양형 폐쇄몰 서비스는 네이버쇼핑에 노출되는 네이버 입점형 폐쇄몰로, 차별화된 시스템 덕분에 최근 큰 인기를 끌고 있다.

○ 고려기프트, 판촉사랑, 비즈판촉, 셀리클라우드, 조아기프트, 해오름기프트

애완용품몰

다양한 애완용품들을 거래하는 전문몰인데 최근 고령화, 핵가족화, 외로운 1인 가구 증가 등으로 인해 매출이 급성장하고 있다. 애완동물이 가족의 일원으로서 받아들여지면서 값비싼 애완용품들도 판매가 급증하고 있다. 본인을 위해서는 비싼 프리미엄 상품을 구매하지 않아도 반려견, 반려묘는 좋은 걸 해주고 싶은 애완인들이 늘어나면서 향후에도 크게 성장할 걸로 전망한다. 이런 애완용품몰은 애견, 애묘 용품이 주를 이루며 고객들이 좋아할 만한 다양한 서비스를 제공하여 애완동물을 키우는 고객들의 마음을 사로잡고 있다.

○ 강아지대통령, 도그팡, 더펫마트B2B(B2B 도매몰)

문구몰

젊은 층에 인기가 많은 문구, 아이디어 소품만 전문적으로 판매하는 유통 채널이다. 교보문고가 운영하는 핫트랙스 그리고 전통의 문구 강자 아트박스가 대표적인 문구몰인데 이들은 오프라인 점포가 원조이지만 온라인몰도 성장하고 있다. 수수료는 평균 25% 이상이며 젊은 층이 좋아할 만한 예쁜 디자인의 상품들이 특히 인기가 높다. 문구 및 소품들의 경우 오픈마켓이나 소셜커머스에서 어설프게 판매를 하는 것보다 차라리 온·오프라인 문구몰에서 판매하는 것이 훨씬 매출이 좋을 수 있다.

○ 핫트랙스, POOM(아트박스가 운영), 알파몰(알파문구가 운영)

땡처리몰 · 반품몰

유통기한 임박 상품, 반품 상품, 기타 말 못 할(?) 사연이 있는 상품들만 전문으로 판매하는 전문몰이다. 땡업자나 오프라인 도매시장에 넘기는 가격보다 좋은 조건으로 판매가 가능하다. 이런 땡처리몰·반품몰 같은 경우 워낙 가격이 저렴한 상품들이 많기 때문에 주기적으로 방문하는 충성 고객들도 많다. 필자가 신속히 땡처리해야 할 상품들이 있다면 오프라인 땡처리업자에게 넘기기보다는 이런 전문몰을 활용해서 손실을 최소화할 것이다.

○ 이유몰, 리씽크몰, 떠리몰

수제품몰

직접 제작한 수제청, 디퓨저, 공예품 같은 핸드메이드 수제 상품들을 취급하는 전문몰이다. 아이디어스가 대표적인 수제품 전문몰이며 이들은 모바일 어플도 운영하고 있다. 카카오에서 운영하는 카카오 메이커스도 수제품 거래가 활발하다. 핸드메이드 상품을 좋아하는 고객층이 두텁기 때문에 관련 상품을 취급하는 업체들은 입점해서 판매하면 좋다.

○ 아이디어스

비품몰(기업·개인)

기업·개인용 각종 비품들이 거래되는 전문몰인데 자영업자,

사업자, 기업 사무실 등에서 많이 이용한다.

○ CELINKO, 비품넷

전문몰 입점

전문몰의 입점은 일반적으로 쉬운 편이다. 하지만 매출이 잘 나온다고 소문난 대형 전문몰들은 들어올려는 업체들이 많이 있어서 쉽지가 않다. 입점 신청은 대부분 홈페이지 내 온라인 입점 제안 방식으로 진행된다. 담당 MD들이 입점 제안을 검토해 보고 입점 여부를 결정하는데 불합격된 경우 답변이 오지 않을 수도 있다. 전문몰 입점으로 내가 가진 상품의 카테고리에 맞는 진정한 충성고객들을 만들 수도 있기 때문에 장기적인 브랜딩 강화 측면에서도 전문몰을 이용하는 것이 좋다. 특히 특별한 타깃 대상이 있는 상품을 취급하는 중소 업체라면 더욱 공략해 볼만하다.

카테고리별 전문몰 찾는 방법

온라인사이트의 카테고리별 순위를 알 수 있는 랭키닷컴을 이용하면 카테고리별 전문몰들의 인기순위를 알 수 있다. 카테고리를 '쇼핑'으로 선택하고 조회를 하면 되는데 무료 회원에게는 정보가 제한적으로 보여지고 유료 회원 가입을 해야 전체 카테고리별 순위 정보를 볼 수 있다.

간단하게 전문몰들을 확인하는 또 하나의 방법은 대형 온라인 판매 통합솔루션 업체의 홈페이지를 이용하는 방법이다. 사방넷, 플레이오토 같은 대형 온라인 판매 통합솔루션 업체의 경우 여러 쇼핑몰들과 제휴 연동이 되어 있는데 고객 수요가 많고 인기가 있는 전문몰들 위주로 제휴가 되어 있다. 사방넷, 플레이오토 등 통합 솔루션 업체의 홈페이지를 방문하면 제휴 연동 쇼핑몰들이 나와 있는데 이것을 확인하면 된다.

셀리클라우드: 450여 개의 판촉용 기프트 프랜차이즈몰 오픈·운영

국내에서 거의 최초로 클라우드 기반의 쇼핑몰 빌더 회사로 등장한 '셀리클라우드'를 설명하기 전에, 먼저 판촉·선물용품 전문 쇼핑몰(기프트몰)의 태동 과정을 살펴볼 필요가 있다. 1980년대 국내 경제가 급성장하면서 제조사들은 본품과 함께 사은품을 제공하기 시작했고, 금융보험사, 자동차 판매회사, 주류회사, 제약회사 등도 활발한 판촉 활동을 위해 다양한 판촉물과 기념품을 사용했다. 당시 인터넷이 보급되지 않았으므로 가장 효과적인 마케팅 수단은 카탈로그 마케팅이었다.

판촉·선물용품 제조·유통사들은 대부분 영세한 규모였기 때문에 협동조합이나 단체를 통해 공동 카탈로그 마케팅을 진행했으며, 지방 소매상들은 이 카탈로그를 활용하여 영업 활동을 했다. 1990년대 후반부터 인터넷이 도입되기 시작하면서 일부 소매상들은 카탈로그에 있는 상품 정보를 온라인에 올리기 시작했고, 2000년대 초반부터는 온라인 구매가 급격히 증가하게 되었다. 이로 인해 판촉용 기프트몰 프랜차이즈 본사들이 빠르게 확산되었다. 당시 기프트몰의 상품이 5~6만 개에 달해, 1인 기업이 이를 모두 관리하고 처리하는 데 어려움이 컸고, 이를 해결하기 위해 프랜차이즈 본사들이 생겨났다.

이후 상품 데이터를 보유한 업체들이 본격적으로 기프트몰 프랜차이즈 사업에 진입하면서 현재 약 80~100여 개의 기프트 전문 본사몰이 운영되고 있다. 후발주자로 시작한 셀리클라우드는 이러한 변화와 흐름 속에서 어떻게 빠르게 450여 개의 판촉물 프랜차이즈몰을 창업시키고 확장할 수 있었을까?

1. 자동화된 인터넷 쇼핑몰 창업 과정으로 회원가입만 하면 즉시 자사 쇼핑몰이 만들어진다.

2. 원하는 상품은 클릭 두세 번만으로 클라우드에 있는 상품을 내 몰에 등록해 바로 판매할 수 있다는 장점이 있다.

3. 몰 운영자들이 가장 어려워하는 상품 소싱(상품 및 콘텐츠 공급) 문제를 셀리클라우드는 클라우드 방식으로 해결했다.

4. 판매가 이루어지면 공개된 제조사 정보를 통해 제조사와 직거래할 수 있어 신속하게 처리할 수 있고, 마진도 우수하다.

5. 제조사가 물류 시스템을 위탁 발송하기 때문에 재고나 점포 없이 운영이 가능한 것도 큰 장점이다.

6. 특히 초기 사업자들에게는 기프트몰만의 업무 프로세스를 창업 아카데미를 통해 무료로 전수해 신뢰하고 따라갈 수 있었다고 한다.

7. 마지막으로 타사와 비교해 가장 큰 장점은 기존 기프트 전문몰들이 매출의 10~15%를 네이버 파워링크 광고에 사용하는 반면, 셀리클라우드 쇼핑몰은 네이버 쇼핑 입점 형태로 운영해 기

존 광고비의 1/20 수준으로 효과적인 마케팅을 할 수 있다는 점이다.

　기존 온라인 프랜차이즈몰들의 여러 단점들을 클라우드 방식으로 해결하며 급성장 중인 셀리클라우드의 미래가 더욱 기대된다. 현재 900여 개의 공급업체가 셀리클라우드에 참여하여 약 6만여 개에 이르는 다양한 상품을 등록하고 있으며, 2024년 현재 약 500여 개의 판촉용 기프트몰이 셀리클라우드를 통해 오픈하여 활발히 운영 중이다. 이러한 성장세를 고려할 때, 앞으로 더 많은 공급업체와 프랜차이즈몰이 셀리클라우드의 플랫폼을 이용하게 될 것으로 예상된다.

CHAPTER 07

데이터 홈쇼핑(T커머스):
홈쇼핑 업계의 차세대 스타

●●●   홈쇼핑은 크게 두 가지로 나뉜다. 첫째는 우리가 익숙한 라이브 TV 홈쇼핑이고, 두 번째는 인터넷 TV(IPTV)로 구매하는 데이터 홈쇼핑(T커머스)이다. 라이브 TV 홈쇼핑은 TV 시청률 하락, 케이블TV 가구 수 정체, 송출 수수료 인상 등의 이유로 성장세가 둔화되는 반면, 데이터 홈쇼핑은 2005년 시작 이후 IPTV 보급률 증가, 규제 완화, 디지털 기술 발달로 꾸준한 매출 성장을 이어가고 있다.

현재 유료 방송을 통해 송출되는 홈쇼핑 채널은 총 17개로, 7개의 TV 홈쇼핑 채널과 10개의 데이터 홈쇼핑 채널이 경쟁하고 있다. TV 홈쇼핑 매출은 2015년을 기점으로 성장세가 둔화된 반면,

데이터 홈쇼핑 채널의 매출은 매년 증가하고 있다. 2022년 전체 홈쇼핑 사업자의 방송 사업 매출은 3조 7,098억 원으로 전년 대비 2.9% 감소했으나, 데이터 홈쇼핑 채널 매출은 8,100억 원으로 전년보다 소폭 증가했다.

○ 데이터 홈쇼핑 10개사

KT 알파쇼핑(KT 계열사), 신세계 TV 쇼핑, SK스토아(SK 계열사), 쇼핑 엔티, W 쇼핑, GS MY SHOP (GS홈쇼핑 운영), 현대홈쇼핑 TV+(현대홈쇼핑 운영), CJ온스타일 TV+(CJ온스타일 운영), 롯데 원TV (롯데홈쇼핑 운영), NS TV SHOP+(NS홈쇼핑 운영)

데이터 홈쇼핑은 T커머스라고도 불리며, TV와 상거래Commerce의 합성어로 인터넷 TV를 통해 리모컨만으로 상품 검색, 결제, 구매까지 원스톱으로 가능한 서비스다. 쌍방향 정보 기반으로 시청자 주도의 쇼핑을 가능하게 하는 차세대 쇼핑 플랫폼이다. 기존의 라이브 TV 홈쇼핑은 시청자가 수동적으로 TV를 시청하고 원하는 상품이 나오면 구매하는 방식인 반면, 데이터 홈쇼핑은 리모컨만으로 언제든지 원하는 시간에 상품을 검색하고 결제할 수 있어 차세대 홈쇼핑이라 할 수 있다.

데이터 홈쇼핑은 연동형과 독립형으로 나뉜다. 연동형은 드라마나 예능에서 등장한 상품을 즉시 구매할 수 있는 방식이고, 독

무조건 성공하는 온라인 유통&마케팅

립형은 쇼핑 전용 채널에서 상품 홍보 프로그램을 보고 구매하는 방식이다. 현재 국내에서는 독립형이 주를 이루고 있으나, 연동형 비중도 점차 늘고 있다. 데이터 홈쇼핑은 인터넷 TV 가입자가 증가하면서 매출도 폭발적으로 성장했고, 2018년 정부의 규제 완화로 케이블 방송사 송출 채널이 확대되면서 더욱 성장할 가능성이 높아졌다.

입점 제안은 각 데이터 홈쇼핑 홈페이지의 입점 제안 코너를 통해 온라인 신청이 가능하며, MD가 입점 검토 후 결과를 알려준다.

데이터 홈쇼핑 특징

① 라이브TV 홈쇼핑과 온라인 쇼핑의 중간적 성격(녹화 방송, VOD 방식)
② 라이브TV 홈쇼핑은 일방향 소통이나 데이터 홈쇼핑은 데이터 활용 쌍방향 소통
③ 다양한 많은 상품 검색 및 영상을 통해 해당 상품의 정보를 제공
④ 라이브 TV 홈쇼핑과 온라인 쇼핑 두 유통 채널의 장점 혼합
⑤ 소비자가 궁금해하는 상품의 정보를 풀어주는 맞춤형 차세대 쇼핑

국내 데이터 홈쇼핑의 한계

① 인터넷 TV가 없으면 구매 불가

② 라이브 TV 홈쇼핑의 전화 주문이 훨씬 편리하고 신속함

③ 향후 큰 성장이 예상되는 드라마, 영화, 예능을 통한 연동형 데이터 홈쇼핑 시장이 아직 미성숙 단계임

④ 라이브 TV 홈쇼핑과의 차별을 유지하기 위해 화면의 1/2 이상을 데이터로 구성해야 하는 규제가 남아 있음

데이터 홈쇼핑을 공략해야 하는 5가지 이유

일반적으로 중소기업들은 라이브 TV 홈쇼핑에 대한 환상을 가지고 있다. 시간당 억 단위의 매출, 수많은 앵콜 방송, 신규 브랜드의 중소기업을 최단기간에 강소기업으로 바꿔줄 유일한 유통 채널로서 라이브 TV 홈쇼핑을 기대하고 있으며 입점하기 위해 수많은 노력을 기울이고 있다. 하지만 라이브 TV 홈쇼핑 입점은 중소기업에 '모 아니면 도' 식의 도박에 가까울 정도로 위험 요소들이 많이 있다. 이런 경우에 데이터 홈쇼핑은 라이브 TV 홈쇼핑에 진출하기 전에 훌륭한 대안이 될 수 있다.

적은 재고 준비

라이브 TV 홈쇼핑을 하면서 가장 큰 난제 중의 하나는 재고 부담이다. 시간당 매출 목표가 최소 1~3억 원이기 때문에 상품 재고도 매출 목표의 120%는 준비해야 하는데 판매가 잘 되면 모르지만 만약 매출이 부진하면 엄청난 재고를 떠안게 되는 위험성이 있다. 방송이라는 판매 방식은 비슷하지만 아직까지 데이터 홈쇼핑은 라이브 TV 홈쇼핑에 비해 매출 목표의 차이가 크기 때문에 상대적으로 적은 재고만으로도 판매가 가능하다.

상대적으로 낮은 판매 수수료

라이브 TV 홈쇼핑의 경우 수수료가 거의 30% 후반부터 40%대이다. 그나마 정률로 진행하는 것은 매출이 검증된 대기업 브랜드 상품인 경우가 대다수이고 신규로 진입하는 중소기업의 경우는 정액 또는 반정액인 경우가 많다. 특히 정액으로 진행하는 경우는 판매가 부진한 경우 잔여 재고는 잔여 재고대로 떠 앉고 정액으로 막대한 수수료를 지급하는 경우가 빈번히 발생한다. 데이터 홈쇼핑의 경우는 보통 정률로 진행이 되며 수수료도 30~35% 수준으로 상대적으로 저렴하다.

라이브 TV 홈쇼핑 대비 쉬운 입점

데이터 홈쇼핑의 경우 업체 숫자도 많고 치열하게 경쟁 중이라 상대적으로 입점이 용이하다. 라이브 TV 홈쇼핑에서 입점 기회를 얻지 못한 많은 중소기업들이 데이터 홈쇼핑에서는 판매 기회를 얻고 있다. 적은 비용, 적은 노력으로 테스트 삼아 방송 판매를 시도해 볼 중소기업에게 좋은 기회가 될 수 있다.

물류비 절감

라이브 TV 홈쇼핑은 보통 판매를 할 때 신규 업체 및 검증이 안 된 중소기업 상품의 경우 홈쇼핑사의 지정 물류 센터로 입고시켜서 판매를 해야 하는데 이 경우 상품 입고, 상품 회송, 반품 처리 등등에서 많은 물류비 부담이 발생할 수 있으나 데이터 홈쇼핑은 이런 면에서 자유로운 경우가 많다.

라이브 TV 홈쇼핑 입점 전 사전 시장 반응 테스트 가능

앞에서 설명한 것 같이 라이브 TV 홈쇼핑은 한번 방송하는데 엄청난 비용 및 위험 요소가 존재한다. 이런 경우에 사전에 데이터 홈쇼핑에서 적은 비용과 노력으로 시장 반응 테스트를 할 수 있다. 일반적으로 인서트 영상 제작을 하지 않든지 하더라도 비용이 라이브 홈쇼핑 TV 대비 저렴하고 게스트 비용 등도 많이 절감할 수 있다. 또한 라이브 TV 홈쇼핑 MD들은 데이터 홈쇼핑에서 좋은 반응을 보인 상품을 당연히 선호하기 때문에 방송 결과가 좋은 경우 메이저리그인 라이브 TV 홈쇼핑에 입점하기도 쉽고 좋은 조건으로 입점도 가능하다. 그러나 한 가지 주의할 점은 라이브 홈쇼핑에서 사용한 인서트 영상은 보통 라이브 홈쇼핑 TV에서 사용할 수 없는 경우가 많고 만약 데이터 홈쇼핑에서 판매 결과가 부진한 경우 라이브 TV 홈쇼핑에 입점하는데 마이너스 요소가 될 수도 있다는 점이다. 홈쇼핑업계에서는 항상 경쟁사들을 모니터링하기 때문에 데이터 홈쇼핑 방송 결과가 좋지 않았다고 하면 라이브 TV 홈쇼핑에서는 입점을 꺼리게 된다.

급성장하는
모바일 · SNS
유통 마케팅

CHAPTER 01

왜
모바일 쇼핑인가?

●●●　　　오프라인 유통에서 온라인 유통으로의 전환
은 이제 일반인들도 익숙하게 받아들이고 있다. 온라인 유통은 초
기에는 오픈마켓, 종합몰, 개인 쇼핑몰 같은 PC 기반의 온라인 쇼
핑 형태로 성장했으나, 이제는 모바일 쇼핑이 주류로 자리 잡았
다. PC 기반의 온라인 쇼핑이 정체기에 접어든 반면, 모바일 쇼핑
은 매년 두 자릿수 성장을 이어가며 전체 온라인 유통을 주도하고
있다.

한국온라인쇼핑협회와 통계청의 자료에 따르면, 2024년 기준
으로 전체 온라인 쇼핑에서 모바일 쇼핑이 차지하는 비중은 74%
를 넘었고, 이 수치는 앞으로도 계속 증가할 전망이다. 주변을 둘

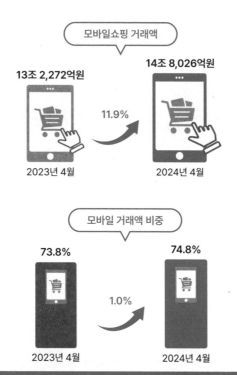

모바일쇼핑 거래액

13조 2,272억원

14조 8,026억원

11.9%

2023년 4월

2024년 4월

모바일 거래액 비중

73.8%

74.8%

1.0%

2023년 4월

2024년 4월

[그림 3-1] 2024년 4월 모바일 쇼핑 거래액(출처: 통계청 보도자료)

러보면 PC 대신 모바일을 통해 간편하게 쇼핑하는 사람들이 더욱 많아지고 있으며, 오픈마켓과 종합몰을 포함한 거의 모든 쇼핑몰에서 모바일 판매와 SNS 판매가 급증하면서 모바일 의존도가 한층 더 커지고 있다.

전통적으로 PC 기반 매출을 올리던 종합몰이나 전문몰들도 이제는 모바일 쇼핑에 본격적으로 집중하고 있다. 롯데마트, 이마트, 홈플러스 같은 할인점들과 롯데슈퍼, GS슈퍼 같은 체인슈퍼들은 기존에 PC 기반 온라인몰을 운영해 왔으나, 2~3년 전부터 모바일 앱을 강화하며 성장 가능성이 큰 모바일 쇼핑에 총력을 기울이고 있다. 이러한 대형 오프라인 유통업체들은 온라인 유통에 의해 감소된 매출을 모바일 쇼핑으로 만회하기 위해 다양한 전략을 펼치고 있다.

모바일 쇼핑의 중요성이 증가함에 따라, 웹쇼핑몰 없이 모바일 앱만을 운영하는 신생업체들도 늘어나고 있다. 또한 기존 대형 온라인쇼핑몰도 모바일을 중심으로 영업 및 마케팅 전략을 수립해 운영하고 있다. 향후에는 유튜브쇼핑이나 틱톡쇼핑 같은 소셜 미디어 기반 플랫폼이 모바일 쇼핑의 주요 축으로 성장할 가능성도 있어 이를 주목할 필요가 있다.

따라서 쇼핑몰의 홈페이지나 상품 상세페이지도 모바일에 최적화되도록 구성하는 것이 필수적이다. 모바일에서 어색하게 보이는 상세페이지나 쇼핑몰은 신속히 수정해야 하며, 앞으로 성공적으로 판매를 이어가기 위해서는 모바일 쇼핑에 대한 관심과 노력이 필수 요건이 될 것이다.

CHAPTER 02

카카오쇼핑:
모바일 유통의
강력한 차세대 기대주

●●● 　　　　온라인 유통 분야의 강자는 쿠팡과 네이버쇼
핑이다. 네이버쇼핑은 거의 모든 오픈마켓, 전문몰, 종합몰이 입
점해 있으며, 매출도 꾸준히 증가하면서 쿠팡과 함께 온라인 유통
을 주도하고 있다. 네이버쇼핑의 힘은 방대한 고객 기반에서 비롯
되었으며, 이와 유사한 거대 플랫폼으로는 국민 메신저 카카오톡
을 보유한 카카오가 있다.

　카카오는 카카오 선물하기, 카카오 메이커스 등을 통해 유통 시
장에 진출했으며, 2018년 카카오 톡스토어를 정식 오픈하면서 본
격적으로 E커머스 시장에 뛰어들었다. 비록 카카오는 E커머스에
큰 투자를 하지 않았지만, 2022년 기준으로 국내 E커머스 시장에

서 거래액 7.5조 원, 점유율 5.0%를 기록하며 5위를 차지했다. 특히 '선물하기'는 거래액이 3조 7천억 원으로 카카오커머스의 주요 매출원이다.

카카오쇼핑은 쿠팡이나 네이버쇼핑에 비해 판매자 수가 적어, 진입 시 큰 기회를 제공할 수 있다. 모바일 쇼핑이 온라인 유통의 70% 이상을 차지하는 만큼, 카카오의 집중적인 투자가 이루어진다면 쿠팡과 네이버쇼핑을 견제할 가능성도 크다.

카카오쇼핑의 주요 서비스로는 '선물하기', '쇼핑하기', '메이커스'가 있으며, 이들은 DAUM 쇼핑과도 연계되어 있다. 경쟁이 덜 치열한 지금이 카카오쇼핑에 진입할 좋은 시점일 수 있다. 쇼핑 플랫폼에서 초기에 진입한 자가 가장 큰 이익을 얻는 법이다.

카카오쇼핑과 일반 오픈마켓과의 차이

카카오쇼핑과 일반 오픈마켓의 가장 큰 차이는 검색 기반이 아니라 노출 기반의 쇼핑몰이라는 점이다. 일반 오픈마켓은 상품 구매 시 검색을 해서 원하는 상품을 고른 후 구매를 하지만 카카오쇼핑은 노출되어서 보여지는 상품 중에 끌리는 상품을 구매한다. 물론 카카오쇼핑도 검색 기능이 있기는 하지만 이것보다는 노출된 상품 중에 괜찮을 상품을 구매하는 것이 대부분이다.

선물하기

카카오 선물하기는 카카오쇼핑의 대표 서비스로, 일반 고객들이 카카오쇼핑을 모를 수 있어도 카카오 선물하기는 잘 알고 있을 가능성이 높다. 예를 들어, 지인의 생일 알림이 뜨면 카카오 선물하기를 통해 케이크나 커피 쿠폰 등을 보내본 경험이 있을 것이다. 선물하기는 기프트콘을 기반으로 한 모바일 쇼핑몰로, 오프라인에서 선물을 주고받는 것처럼 카카오톡을 통해 간편하게 주고받는 개념에서 출발했다.

카카오 선물하기는 2010년 서비스를 시작해 2022년 거래액이 3조 7천억 원을 넘으며, 모바일 선물 시장의 70% 이상을 점유하고 있다. 입점된 상품 대부분이 선물용이기 때문에, 입점 시 선물로 적합한 상품을 준비하는 것이 유리하며, 시즌성 상품의 매출이 특히 좋다. 카카오에서 다양한 채널을 통해 노출을 지원해 고객 유입 경로가 다양하다.

카카오 선물하기의 주요 고객 유입 경로는 다음과 같다.

카카오톡 선물하기는 다양한 경로를 통해 유입되며, 다음쇼핑이나 카카오톡 내 '선물하기' 키워드 검색을 통해서도 고객들이 접근할 수 있다. 또한, 카카오톡 친구의 생일이 되면 자동으로 생일 알림이 뜨며, 이때도 선물하기 서비스가 노출된다.

카카오 선물하기는 초기에는 배스킨라빈스, 뚜레주르 같은 외

카카오톡 대화창　　　　카카오톡 프로필　　　　카카오톡 더보기

생일친구 자동 알람 ⋯⟶ 선물하기

[그림 3-2] 선물하기 주요 고객 유입 경로(출처: 카카오 홈페이지)

식업체의 모바일 쿠폰을 중심으로 시작했지만, 지금은 다양한 브
랜드와 상품이 판매되고 있다. 다만, 브랜드샵은 일정 수준 이상
의 유명 브랜드만 입점할 수 있다. 선물하기에 적합한 상품은 브
랜드 상품, 시즌 맞춤형 상품, 특가 상품들이다. 브랜드가 아니더

라도 여름철 물놀이용품이나 겨울철 방한용품처럼 시즌에 맞는 상품을 선제안하면 유리하다. 또한, 모바일 선물용으로 적합하거나 아직 입점하지 않은 카테고리의 상품을 제안하는 것도 좋은 전략이다.

카카오 선물하기의 수수료는 카테고리와 업체 규모에 따라 10~20%로 상이하다. 광고 영향력이 적고 입점 상품 수가 많지 않아 노출이 유리하다는 장점이 있지만, 광고 없이 노출이 되지 않으면 매출도 기대하기 어렵다는 점을 기억해야 한다. 카카오톡의 방대한 유입 고객을 고려하면 충분히 도전할 만한 가치가 있다.

입점 상품의 조건

카카오 선물하기 입점 상품 조건은 판매하고자 하는 상품이 전 연령대의 사람들이 접근 가능한 상품이어야 한다는 것이다. 그리고 담배, 주류, 성인, 사행사업 등의 카테고리는 입점 불가하다. 또한 상품의 특성이 다음 3가지 중의 하나여야 한다.

○ 모바일 쿠폰 상품

　온·오프라인 교환처에서 실물 상품으로 교환할 수 있는 모바일 쿠폰

○ 실물 배송 상품

선물 받는 사람이 주소지를 입력하고 직접 배송받는 상품

○ 디지털 아이템 상품

구매 후 모바일에서 직접 사용 가능한 디지털 아이템 상품

선물하기 입점 신청은 카카오쇼핑 판매자센터에서 하면 된다. 단 입점 신청 전 카카오 담당자에게 별도의 제휴 제안을 하여 통과된 경우에만 입점이 가능하다.

	개인사업자	법인사업자
필수 제출 서류	- 사업자등록증 사본 1부 - 통신판매업신고증 사본 1부	- 사업자등록증 사본 1부 - 통신판매업신고증 사본 1부
AML (고객 확인 제도) 이행 시 제출 서류	- 사업자등록증 - 담장자 위임장 (필요시)	- 사업자 검증서류 (사업자 등록증) - 법인 등기부등본 - 주주명부/출연자 명부 (필요시) - 담장자 위임장 (필요시)

쇼핑하기

카카오가 본격적으로 온라인 유통에 뛰어드는데 중심은 바로 카카오 톡스토어이다. 카카오 톡스토어는 네이버의 스마트스토어와 개념이 비슷하다. 네이버쇼핑 내에 스마트스토어가 입점되어 있는 것과 비슷하게 카카오 쇼핑하기 내에 톡스토어가 입점해 있

다고 보면 된다. 스마트스토어가 네이버에서 제공해 주는 무료 쇼핑몰이라고 하면 톡스토어는 카카오가 제공해 주는 모바일 전용무료 쇼핑몰이라고 할 수 있다. 카카오 톡채널과의 연계 때문에재구매 고객 활성화와 추가 구매 증가에서 큰 강점을 보인다.

카카오 톡스토어의 장점

① 카카오 톡채널 연동

톡채널 친구 전용 상품, 소문내면 할인 등 메신저와 톡채널을활용한 기능을 통해 판매자가 자유롭게 할인 방식을 설정하고, 판매를 할 수 있다. 톡채널친구 전용 할인 쿠폰을 통해 친구에게 할

[그림 3-3] 톡스토어 톡채널 친구전용 상품(출처: 카카오 홈페이지)

인 쿠폰을 보내서 자연스럽게 구매 전환으로 연결할 수도 있다.

② 1:1 톡채널 상담

톡채널의 연동을 통해 고객과 언제 어디서나 쉽게 1:1 채팅 상담이 가능하다. PC와 달리 카카오톡은 언제나 접속되어 있는 상태이기 때문에 고객과의 커뮤니케이션이 매우 우수하다. 톡채널과 연동 설정 시 톡스토어 상품 상세에서 1:1 상담 버튼이 노출되며 톡채널 상담으로 연결된다.

③ 소문내면 할인

'소문내면 할인' 설정을 통해 카카오톡 유저들에게 '소문내기 상품'을 홍보할 수 있다. '소문내면 할인'은 판매자가 직접 '소문내면 할인' 기능을 설정하여, 고객 스스로 지인에게 상품을 공유하고 참여하는 입소문 마케팅이다. '소문내면 할인'은 톡스토어의 아주 유용한 홍보 기능 중의 하나이므로 적극 활용하는 것이 좋다.

④ 카카오페이 결제

별도의 로그인 없이 카카오 계정으로 주문할 수 있는 카카오페이 간편 결제 수단이 제공되며 고객이 카카오 톡스토어 상품 구매시 카카오톡 안에서 대화부터 결제까지 한 번에 해결할 수 있다.

톡스토어 수수료

톡스토어를 통한 상품 판매로 발생되는 수수료는 기본 수수료와 노출 수수료로 구분 적용되며, 톡딜 상품은 별도의 수수료가 적용된다. 단, 영세/중소 판매자에 대해서는 아래와 같이 기본 수수료에 대해 카드 결제 할인이 적용된다.

구분		일반 상품 주문	톡딜 상품 주문	라이브 상품 주문
기본 수수료		3.3%	10%	7.7%
노출 수수료	쇼핑하기	3.3%	없음	없음
	다음쇼핑			

등급	국세청 매출 기준액	기본 수수료 할인율
영세	~3억 원	▼1.63%
중소 1	3~5억 원	▼0.97%
중소 2	5~10억 원	▼0.80%
중소 3	10~30억 원	▼0.53%
일반	30억 원 초과 또는 신규 사업자	변동 없음

입점 자격 및 입점 서류

톡스토어 판매자는 국내에 사업자등록된 정상 영업 중인 사업자만 입점 가능하나 구매 대행사업자는 입점 불가하다. 입점 신청은 카카오쇼핑 판매자센터에서 하면 된다.

구분	개인사업자	법인사업자

필수
제출 서류
	- 사업자등록증 사본 1부
	- 통신판매업신고증 사본 1부
	- 본인서명사실 확인서
	  (혹은 대표자 인감증명서) 사본 1부
	  (발급일로부터 3개월 이내)
	- 대표자 명의 통장 사본
	  (입점 심사 시, 정산 계좌 사본으로
	  대체)
	* 공동대표: 대표자 모두 인감
	    증명서 (혹은 본인서명사실
	    확인서) 제출
		- 사업자등록증 사본 1부
		- 통신판매업신고증 사본 1부
		- 법인 인감증명서 사본 1부
		  (발급일로부터 3개월 이내)
		- 법인 명의 통장 사본
		  (입점 심사 시, 정산 계좌 사본으로
		  대체)

업종별
추가 제출 서류
	- 건강기능식품 판매:
	  건강기능식품 판매업 신고증
	- 의료기기 판매:
	  의료기기 판매업 신고증
	- 전통주 및 지역특산주 주류:
	  주류통신 판매 승인서
		- 건강기능식품 판매:
		  건강기능식품 판매업 신고증
		- 의료기기 판매:
		  의료기기 판매업 신고증
		- 전통주 및 지역특산주 주류:
		  주류통신 판매 승인서

AML (고객확인제도) 이행 시 제출 서류	- 사업자등록증 - 담당자 위임장 (필요시)	- 사업자 검증서류 (사업자등록증) - 법인 등기부등본 - 주주명부/출연자 명부 (필요시) - 담당자 위임장 (필요시)

카카오쇼핑 인기 상품

과일, 육류 등 1차 신선식품 및 가공식품, 생활용품으로 재구매가 자주 일어나는 상품들이 강세인데 시즌성 상품들도 인기가 높다.

카카오쇼핑 운영 전략

단순히 카카오쇼핑에 입점만 하면 단순 오픈마켓 입점과 다를 것이 없으며 매출도 잘 일어나지 않는다. 카카오쇼핑에서 우수한 매출을 올리고 있는 판매자들 중에는 톡채널 친구를 많이 모은 경우가 많다. 톡채널에 모아놓은 친구들을 대상으로 쿠폰을 보내고 소식을 보내거나 해서 추가 매출을 올리는 전략이 좋다. 톡채널에 친구만 많이 모으면 별도의 마케팅 없이도 큰 매출을 올릴 수 있다.

카카오쇼핑은 검색 기반이 아니고 노출 기반인데 카카오쇼핑에서 특히 노출이 잘되는 것은 바로 행사 상품이다. 카카오쇼핑에는 톡딜, 기획전, 특가딜 등이 있는데 이 행사에 꾸준히 참여하는 것이 매출에 큰 도움이 된다. 카카오쇼핑 메인페이지만 봐도 노출되는 상품들은 전부 행사 상품이다. 이런 행사 상품들은 모두 무료이기 때문에 꾸준히 제안을 해야한다. 톡딜 같은 경우 MD가 선정해서 메인페이지에 뜨게 되면 단기간에 엄청난 매출을 올릴 수 있다.

카카오쇼핑에서 막 판매를 시작한 경우 상품을 노출시키기가 쉽지 않다. 이 경우 일단 어느 정도 후기를 만들어놓은 다음에는 카카오쇼핑 광고를 진행해 보는 것도 좋다. 카카오쇼핑 광고센터에 가면 광고 관련 자세한 정보를 얻을 수 있다.

카카오 메이커스

카카오메이커스는 일정 수량 이상의 주문이 달성되어야 판매에 들어가는 공동구매 판매 방식인데 수제청 등 수제품이나 소량생산 방식의 상품에 적합하다. 도입 초기에는 수제 상품 위주로 진행되었으나 갈수록 상품군이 확대되고 있다. 카카오메이커스의 설립 취지도 국내 제조업/소상공인의 우수한 상품을 소개하는 것이기 때문에 중소기업이 입점하기에 유리하다. 지금은 수제품에 국한되지 않고 다양한 상품군이 진행 중인데 공동구매 최소 수량이 갈수록 적어지며 공동 구매 개념은 갈수록 희박해지고 있다. 신제품을 판매한다는 측면에서 카카오메이커스는 크라우드 펀딩과 비슷한 개념으로 인식되고 있는데 사실은 좀 다르다. 시중에 없는 제품을 선판매하는 게 크라우드 펀딩이고 시중에 있는 제품이지만 온라인 노출이 안 된 제품을 판매하는 것이 카카오메이커스이다.

카카오메이커스에 입점된 제품들은 제작 최소 수량과 제작 최대 수량이 있고 주문 종료일이 있다. 최소 수량을 넘어야 제품이 제작되어 배송이 된다. 소상공인이나 중소기업 입장에서는 미리

고객을 확보하고 제품을 만드는 것이기 때문에 위험부담이 최소화되고 게다가 카카오라는 대형 플랫폼을 통해 사전 제품 홍보를 할 수 있어서 좋다. 카카오메이커스의 큰 장점 중의 하나는 매력적인 상세페이지를 카카오에서 만들어주고 퀄리티 있는 사진들도 모두 보내 준다는 점이다. 또한 와디즈 같은 경우 펀딩에 3~4주 걸리지만 카카오는 평균 1주 정도로 짧다. 30~50대 여성이 주 타겟이라 이 타깃에 맞는 상품을 진행하면 효과가 더 좋다. 와디즈의 경우는 펀딩 진행 시 홍보도 직접 해야 하지만 카카오메이커스는 카카오에서 직접 카카오톡을 통해 홍보를 해줘서 비용, 노력을 아낄 수 있다.

카카오메이커스 수수료

카카오메이커스의 수수료는 카테고리별로 상품별로 틀리지만 20~30%로 상당히 높은 편인데 카카오메이커스의 기본 취지인 소상공인, 중소기업의 우수 상품을 소개한다는 취지와 어울리지 않아서 논란이 되고 있다.

카카오메이커스 입점 제안

카카오메이커스 입점 제안은 카카오메이커스 파트너센터에서 하면 된다.

카카오메이커스
입점 제안

무조건 성공하는 온라인 유통&마케팅

인스타그램 유통 마케팅: 홍보와 판매를 동시에 하는 20~30대 SNS 채널

●●● 현재 가장 핫한 SNS를 꼽으라면 단연 인스타그램일 것이다. SNS의 흐름을 보면, 카카오스토리 채널-네이버밴드-페이스북-인스타그램-유튜브 순으로 이어져 왔다. 카카오스토리 채널과 네이버밴드는 이미 전성기를 지났고, 페이스북은 광고가 넘쳐나고 있다. 유튜브는 사용 시간이 가장 많지만, 영상 제작의 부담이 있고 상품 판매는 아직 활성화되지 않았다.

카카오스토리 채널과 네이버밴드는 여전히 공동구매 매출이 크지만, 광고 없이 성장시키기는 어렵다. 페이스북 페이지도 직접 키워서 판매하기엔 적합하지 않다. 이런 상황에서 인스타그램은 광고비 없이 키워서 상품을 판매할 수 있는 마지막 남은 SNS 채널이다. 특히 인스타그램 인플루언서를 활용해 상품을 판매하기 좋으며, 2018년부터 론칭된 인스타그램 쇼핑 태그는 인스타그램 내에서 공식적으로 상품 판매를 지원하는 기능을 제공한다. 인스타그램의 주요 특징은 다음과 같다.

- 20~30대 젊은 층, 특히 여성이 주 사용자이다.
- 인스타그램 게시글에 상품 판매를 위한 링크를 걸 수 없다. (단, 광고에는 링크를 넣을 수 있다)
- 인스타그램 프로필에만 링크를 걸 수 있다.
- 타 SNS 대비 도달률이 높다.
- 비즈니스 계정 운영이 가능하게 되어서 상품 판매, 기업 홍보가 가능함.
- 유저의 참여율이 높다.(페이스북 대비 58배, 트위터 대비 120배)
- 해시태그(#)로 소통 및 검색한다.
- 사진 한 장으로도 손쉽게 감성 콘텐츠 작성이 가능하다.

인스타그램은 주 사용층이 20대와 30대 초반이기 때문에 의류, 액세서리, 화장품, 뷰티, 다이어트 관련 상품들이 많이 판매된다. 최근에는 다이어트와 건강과 연계된 농산물·수산물 등 신선식품 판매도 증가하고 있다. 인스타그램은 이미지를 중시하는 SNS라 비주얼이 중요한 상품은 큰 효과를 볼 수 있지만, 그렇지 않은 상품은 기대만큼의 효과를 얻기 어렵다.

쇼핑 태그가 도입되기 전에는 인스타그램 본문에 구매 링크나 결제 시스템을 추가할 수 없었기 때문에 프로필 영역에 자사몰, 네이버 블로그, 스마트스토어, 카카오톡 플러스친구 링크를 넣어 외부에서 결제가 이루어졌다. 그러나 인스타그램 비즈니스 계정용 쇼핑 태그가 도입되면서 직접적인 상품 판매가 가능해졌다. 쇼핑 태그를 사용할 수 없는 개인 계정 판매자들은 여전히 전통적인 방식으로 판매를 이어가고 있다.

사진 한 장이나 영상 하나로 즉각적인 매출을 올리는 데 인스타그램만큼 효과적인 SNS는 거의 없다. 이제 인스타그램으로 상품을 판매하는 세 가지 방법을 살펴보자.

내가 운영하는 인스타그램 개인 계정에 팔로워를 모아서 판매

인스타그램은 페이스북과 달리 아직 광고비 없이도 키울 수 있는 SNS다. 팔로워를 모아 판매할 때 중요한 점은 내 상품의 고객이 될 수 있는 팔로워를 모아야 한다는 것이다. 예를 들어, 다이어트 식품을 판매한다면 다이어트에 관심이 있는 20~40대 여성을 타겟으로 해야지, 관심 없는 남성을 모으는 것은 의미가 없다. 관심이 있을법한 여성들을 찾아 팔로우하고, 좋아요와 댓글을 통해 소통하며 팔로워로 만들어야 한다.

필자는 다른 SNS에 대해 직접 키우라고 말하지 않지만, 인스타그램은 여전히 광고비 없이도 성장 가능하므로 직접 운영을 고려할 만하다. 인스타그램 키우는 방법에 대해서는 여기서 설명하지 않겠지만, 유튜브나 네이버에 많은 무료 자료가 있으니 참고하면 된다. 고가의 유료 강의는 불필요하다.

판매를 시작할 때, 프로필에는 홈페이지, 스마트스토어, 플러스친구, 블로그 등의 링크가 있어야 한다. 그리고 판매 콘텐츠는 무작정 올리는 게 아니라, 인스타그램에서 잘 팔리고 있는 콘텐츠를 참고해 만들어야 한다. 특히 사진보다는 동영상이 더 효과적이다. 인스타그램 검색창에서 '공동구매' 해시태그로 검색해 벤치마킹할 대상을 찾으면 된다.

또한, 인스타그램 타깃층이 20~30대 젊은 층임을 명심하고, 그에 맞는 상품을 선택해야 한다. 게시글에는 링크를 삽입할 수 없으므로, '인스타그램 프로필로 이동' 같은 문구를 추가해 프로필로 유도하는 것도 하나의 판매 전략이다. '@인스타그램아이디' 형식으로 링크를 올릴 수 있다.

비즈니스 계정을 만들어 쇼핑 태그 기능을 활용하여 판매

위에서 설명한 개인 계정을 활용한 인스타그램 판매는 인스타그램 자체에서 결제가 이루어지지 않는다. 사용자가 게시물의 상품을 보고 마음에 들면 프로필로 이동해 구매 링크를 클릭하고, 외부 사이트로 이동해 결제를 진행하는 방식이다. 이 불편함을 해소하기 위해 인스타그램은 2018년 10월, 국내에 '인스타그램 쇼핑 태그' 서비스를 론칭했다. 이 서비스는 미국에서 2016년 테스트를 거쳐 2017년 4월 정식 출시되었고, 우리나라는 1년 뒤에 도입됐다.

쇼핑 태그 서비스 덕분에 사용자는 외부 사이트로 이동하지 않고, 인스타그램 내에서 직접 결제가 가능하다. 이 서비스는 인스타그램 비즈니스 계정에서만 사용할 수 있으며, 페이스북 비즈니스 계정인 페이지의 '샵' 기능과 연동해 판매를 진행한다.

(1) 페이스북 페이지를 만들고 샵(SHOP)에 상품 등록하기

(2) 인스타그램 계정의 개인 계정을 비즈니스 계정으로 전환하기

(3) 페이스북 페이지 연동 승인 신청하기

(4) 인스타그램 게시물에 페이스북 샵SHOP에 올린 상품 연결하기

쇼핑 태그를 설정해 상품을 연동하면 아래와 같이 표시되어 결제가 가능해진다. 예전에는 인스타그램 광고를 통해서만 해당 게시물에서 결제 가능한 웹사이트로 넘어갔지만, 현재는 광고 없이도 쇼핑 태그 기능을 활용해 제품 태그로 결제 링크를 연결할 수 있다.

젊은 층을 대상으로 하는 화장품, 패션, 다이어트 상품을 취급하는 사업자라면 인스타그램을 적극 활용하는 것이 좋다. 비즈니스 계정 전환이나 쇼핑 태그 설정 방법은 네이버나 유튜브에서 쉽게 찾아볼 수 있으니 참고하면 된다. 다만, 인스타그램 쇼핑 태그는 어느 정도 팔로워를 모은 후 진행해야 효과적이다. 팔로워가 거의 없는 상태에서 시작하면 큰 효과를 기대하기 어렵다.

쇼핑 태그 설정을 직접 해보는 것이 좋다. 유튜브나 네이버에서 검색하면 쉽게 배울 수 있으며, 굳이 대행사에 맡길 필요는 없다. 직접 해보면 실력도 늘고, 대행을 맡길 때도 더 효율적으로 진행할 수 있다. 대행사에 의존하기보다는 본인이 할 줄 알면서 맡기는 것이 훨씬 더 유리하다는 점을 명심하자.

인스타그램 쇼핑몰 연동 서비스를 활용한 판매

인스타마켓에서 판매할 때는 주로 스마트스토어, 개인 쇼핑몰,

블로그 마켓 링크를 연동해 판매하는 경우가 많다. 인스타그램 게시글 본문에는 링크를 삽입할 수 없기 때문에, 프로필에 스마트스토어나 블로그 마켓, 개인 쇼핑몰 등의 링크를 넣어 판매를 진행한다. 여러 개의 링크를 넣으려면 링크트리 같은 유료 또는 무료 연

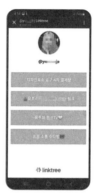

스마트스토어 연동   링크트리 연동

쇼핑태그

[그림 3-4] 인스타마켓 판매 방식(출처: 인스타그램)

동 서비스를 활용할 수 있다. 연동 서비스가 등장하기 전에는 블로그 마켓과 스마트스토어 링크로 판매했지만, 최근에는 링크트리 같은 서비스를 통해 판매하는 것이 트렌드가 되고 있다. 이러한 연동 서비스를 사용하면 여러 링크를 삽입할 수 있어 판매 상품뿐 아니라 개인 브랜딩 홍보나 추가 상품 및 서비스를 알릴 수 있어 점점 더 많이 사용되고 있다.

쇼핑 태그 기능을 활용해 페이스북 샵을 통해 외부 링크가 아닌 인스타그램과 페이스북 내부 시스템에서 판매하는 방법도 있지만, 이는 주로 규모 있는 업체에서 많이 사용하고, 개인 판매자들은 링크트리 같은 연동 서비스를 이용하는 것이 일반적이다.

인스타그램 인플루언서 활용 판매, 홍보

인스타그램 개인 계정을 만들어 팔로워들을 모아 판매하는 방법의 경우 아무리 인스타그램 팔로워들을 모으는 게 쉽다고 할지라도 시간과 노력이 들어간다. 게다가 SNS에 익숙하지 않은 사람에게는 넘사벽이라고 느낄지도 모른다. 이럴 때 인스타그램 인플루언서들을 활용해서 판매, 홍보하는 방법이 좋은 대안이 될 수 있다.

인스타그램에는 팔로워를 몇만, 몇십만 명을 보유한 유저들이 있는데 이들을 보통 인스타그램 인플루언서라고 한다. 이들은 어떤 상품에 대한 게시글 1개만 올려도 그 상품의 매출을 확 끌어올리는 힘이 있는데 내가 직접 인스타그램을 운영하면서 판매하기 힘들 때 이들을 활용해서 판매하는 방법이 있다. 고전적인 방법은 인스타그램 상에서 이런 인플루언서들을 찾아서 이들에게 DM 또는 프로필에 있는 이메일을 통해 상품 판매나 홍보를 부탁하는 것이다.

DM(다이렉트 메시지 보내기)

팔로워가 몇만, 몇십만 명 되는 인플루언서들에게는 하루에도 수많은 판매 및 홍보 제안이 오기 때문에 답변을 받기가 쉽지는 않다. 차라리 팔로워 수는 일정 수준을 넘으면서 어느 정도 영향력 있는 몇천 단위 인플루언서를 수십 명 활용하는 게 더 유리할 수 있다. 보통 인플루언서를 통해 판매를 할 때 수수료는 기본 40% 이상으로 상당히 높으며 저단가 상품보다는 고단가 상품을 진행 시에 성사 확률이 높다. 수수료가 상당히 세기 때문에 차라리 상품공급 원가를 제안하고 판매가는 알아서 결정하라고 하는 방식이 더 좋을 수도 있다.

수고를 감수하며 직접 하나하나 접촉해서 인플루언서를 활용하는 방법도 있지만 비용을 들이더라도 이런 인스타그램·유튜브 인플루언서들을 보유한 대행사에 의뢰하는 것도 하나의 방법이다. 이 방법에 대해서는 이 챕터 6장의 '유튜브 유통 마케팅' 섹션에서 자세히 다루기로 하겠다.

인스타그램을 활용한 체험단

인스타그램 인플루언서를 이용해서 판매를 해도 되지만 사실 더욱 효과적인 것은 이들을 활용해서 체험단을 진행하는 것이다. 이들을 이용해서 SNS상에 내 상품을 도배하고 나의 쇼핑몰, 스마트스토어 등으로 끌어들여 판매를 하는 것이 더 유리할 수 있다. 인플루언서들을 통해 판매를 하는 것은 일단 높은 수수료 때문에 나의 마진을 취하기가 쉽지 않고 이들을 관리하는 것이 현실적으로 쉬운 것이 아니다. 차라리 내 상품을 홍보하고 SNS상에 내 상품의 콘텐츠들을 퍼트리는 수단으로 인플루언서를 활용하는 것이 더 좋은 선택이 될 수 있다.

무조건 성공하는 온라인 유통&마케팅

CHAPTER 04

페이스북 유통 마케팅: 페이스북 광고판매가 핵심

●●● 일반적으로 페이스북은 상품을 직접 판매하기에는 적합하지 않은 SNS 채널로 알려져 있다. 물론, 페이스북을 통해 에이프릴스킨, 미팩토리, 블랭크코퍼레이션 같은 스타트업들이 수백억대 기업으로 성장한 사례도 있다. 하지만 이들도 페이스북에서 직접 판매했다기보다는, 이슈가 된 콘텐츠를 통해 바이럴 효과를 일으켜 자사몰이나 다른 유통 플랫폼으로 유입된 트래픽을 활용해 판매한 경우가 많다.

페이스북이 한때 소통의 주요 수단으로 자리 잡은 시기가 있었지만, 이제는 광고가 넘쳐나 소통보다는 광고와 홍보의 채널로 변모하고 있다. 페이스북에서 직접적인 판매가 어렵다고는 하지만,

판매를 잘하는 사례도 있다. 이목을 끄는 동영상이나 이미지 콘텐츠로 무장한 일부 페이지들은 여전히 활발히 판매하고 있다. 특히 뷰티용품, 다이어트 제품, 아이디어 생활용품은 이미 많은 팔로워를 보유한 대형 페이스북 페이지에서 많이 판매되고 있다. 이러한 페이지들은 최근에 급성장한 것이 아니라, 과거에 도달률이 높고 광고 없이도 팔로워를 쉽게 모았던 시절에 성장한 것들이다. 이제, 소상공인과 중소기업들이 페이스북에서 어떻게 효과적으로 판매할 수 있을지 구체적으로 알아보자.

페이스북 페이지를 직접 키워서 판매

본인이 직접 페이스북 기업용 계정인 페이지를 키워서 판매하는 방법이 있는데 지금과 같이 게시물 도달률이 떨어지고, 광고비 없이는 페이스북을 키우기 어려운 때에는 추천하지 않는다. 페이스북 개인 계정은 아직 사람들을 모으기가 어렵지는 않지만 소통의 공간인 페이스북 개인 계정으로 사람을 모으다가 어느 순간 갑자기 상품 판매를 시작하면 팔로워들에게 거부감을 주고 장기적으로 판매를 하기가 어렵다. 그렇기 때문에 지금 페이스북 개인 계정을 직접 키워서 판매하는 것은 추천하지 않는다.

무조건 성공하는 온라인 유통&마케팅

페이스북 광고를 이용해서 판매

페이스북 페이지를 만들어 직접 사람을 모으기보다는, 고객을 끌어들일 만한 동영상 콘텐츠를 제작해 이를 페이스북 광고로 활용하는 방법이 있다. 이 방식은 우수한 상품, 고객의 관심을 확 사로잡을 동영상이나 이미지 콘텐츠 제작 능력, 그리고 페이스북 광고 운영 능력이 필요하다. 모든 상품이 이 방법에 적합한 것은 아니며, 주로 뷰티, 다이어트, 아이디어 상품 등이 효과적이다. 또한, 광고비와 최종 수익을 면밀히 검토해야 하는데, 일반적으로 동일한 광고를 최소 6번은 봐야 구매로 이어진다는 통계를 고려할 때 광고비가 상당히 증가할 수 있다.

타깃 설정도 중요하다. 맞춤 타깃을 설정하지 않으면 광고 효과가 떨어질 수 있다. 요약하자면, 페이스북 광고로 판매하려면 상품의 적합성, 끌리는 동영상·이미지 콘텐츠, 페이스북 광고에 대한 철저한 이해가 필요하다. 특히, 이미지보다 동영상 콘텐츠가 도달률과 노출 효과가 더 크기 때문에 유리하다.

페이스북 판매에 익숙하지 않은 개인이나 회사가 직접 광고를 통해 성과를 내기까지는 시간이 걸린다. 현재 페이스북 광고는 판매뿐만 아니라, 자사몰 유입 고객을 리타깃팅하는 데도 사용된다. 기존 고객 DB가 없으면 광고 효율이 떨어져 광고비가 상승할 가능성이 높다. 현재 페이스북 판매는 대부분 광고를 통한 것으로,

동영상이나 사진을 활용해 스폰서 광고로 매출을 올리는 방식이 주를 이룬다. 예전에는 공동구매 전문 대형 페이지를 통해 상품을 판매하는 방법도 있었지만, 지금은 이러한 페이지들이 거의 사라졌다. 여전히 페이스북 광고로 큰 매출을 올리는 판매자들이 많으며, 광고비 대비 효율을 극대화하는 것이 관건이다.

CHAPTER 05

모바일 어플 판매: 회원 도달률 100%의 모바일 판매 채널

●●● 　　　　모바일 앱 공동구매는 온라인 유통 플랫폼의 변화에 따른 영향을 덜 받기 위해 탄생했다. 소셜커머스, 카카오스토리, 네이버밴드, 스마트스토어, 카카오톡 스토어, 페이스북, 인스타그램 등 다양한 온라인 유통 채널은 모두 전성기와 쇠퇴기를 겪는다. 예를 들어, 카카오스토리에서 판매 성과가 좋더라도 채널 자체가 쇠퇴하면 매출은 자연스럽게 하락할 수밖에 없다. 또한, 유통 플랫폼이 성장하면 그 플랫폼 소유자의 정책에 따라 우리의 운명도 좌우된다. 수수료가 급격히 인상되거나 결제 조건이 불리해지더라도 그 정책을 따르거나 거래를 중단해야 한다. 이러한 불안정성을 극복하기 위해 많은 유통업체는 자신만의 플랫폼을

만들고자 한다.

특히 카카오스토리나 네이버밴드 운영자들은 해당 채널들이 최소 5년은 유지될 거라 생각했지만, 2~3년 만에 하락세로 접어들면서 대안을 모색하게 되었고, 그 대안이 바로 모바일 앱이다. 이로 인해 카카오스토리와 네이버밴드에서 진행되던 공동구매가 모바일 앱으로 옮겨가며, 다양한 모바일 앱들이 급속히 등장하게 되었다.

장점	단점
• 유통 플랫폼의 흥망성쇠에 영향을 받지 않음 • 푸시앱을 통해 모바일 어플 회원들에게 100% 판매 콘텐츠 전달 가능 • 나만의 차별화된 마케팅과 운영 전략 수립 가능	• 회원을 모집하는데 많은 비용이 든다. • 어플의 제작 유지·관리 비용이 든다. • 푸시앱을 남발하면 회원 이탈율이 증가한다.

모바일 어플은 위와 같은 특징이 있는데 모바일 어플을 운영하는데 가장 큰 장애는 회원 모집이다. 회원을 모집하려면 광고 및 홍보를 해야 하는데 어플이 대중화되기 전에는 회원 모으는 데 드는 노력과 비용이 적어도 되었지만 지금은 너무나 많은 어플이 생겨나고 있기 때문에 회원 모집에 드는 비용이 예전 대비 10배 이상으로 증가했다. 그렇기 때문에 모바일 어플을 성공적으로 운영하는 업체들의 특징은 어플을 만들기 이전에 이미 고객 기반을 만

들어 놓은 경우가 많다. 네이버 카페, 페이스북, 카카오스토리 채널, 네이버밴드, 인스타그램 등에 이미 사람들을 많이 모아놓은 경우에 어플을 만들어도 회원을 상대적으로 수월하게 모을 수 있었다. 지금 현재 이런 고객 기반이 없는데 어플로 회원을 모으려면 엄청난 비용과 노력이 들어가게 된다.

이런 이유 때문에 내가 직접 모바일 어플을 만들어서 회원들을 모아서 판매하는 전략보다는 이미 회원을 확실하게 모은 유통 판매 전문 어플에 입점하는 전략이 효과적이다. 어플은 회원 모으는 것도 중요하지만 신규 회원들을 추가로 유입시키고 기존 회원들의 이탈을 방지하는 마케팅을 하는데도 많은 비용이 들어간다. 현재 활성화된 공동구매 어플들은 지금도 신규 회원 유치와 기존 회원 이탈을 방지하기 위해 엄청난 마케팅, 광고 비용을 투입하고 있다.

모바일 어플의 규모를 알아보는 방법

각 어플들을 눌러보면 다운로드 숫자가 나오는데 숫자의 의미는 아래와 같다.

○ 5,000만 이상: 5,000만 ~ 1억

○ 1,000만 이상: 1,000만 ~ 5,000만

- 500만 이상: 500만 ~ 1,000만

- 100만 이상: 100만 ~ 500만

- 50만 이상: 50만 ~ 100만

- 10만 이상: 10만 ~ 50만

- 5만 이상: 5만 ~ 10만

- 1만 이상: 1만 ~ 5만

물론 위의 숫자는 다운로드 수를 의미할 뿐, 실제로 몇 명이 어플을 이용하는지는 알 수 없다. 핸드폰을 바꾸거나 어플을 삭제하면 회원 수가 줄어들지만, 이는 반영되지 않은 순수 다운로드 수치다. 그래서 일부 공동구매 어플은 다운로드 수는 많아도 판매량이 저조한 경우가 있는데, 이는 초기 회원 모집은 성공했지만 후속 관리가 잘 이루어지지 않아 실질적인 회원 수가 줄어든 경우다.

일반적으로 판매가 잘 되는 어플은 정보를 제공하면서 가끔 공동구매를 진행하는 어플보다는 지속적으로 공동구매를 진행하는 어플이다. 다운로드 수가 100만인 일반 어플보다 10만 다운로드를 기록한 공동구매 전문 어플에서 더 많은 매출이 나오는 경우가 흔하다. 이는 일반 어플의 회원 수가 많아도, 상품 구매를 목적으로 이용하는 고객이 적기 때문이다. 최근 공동구매 어플 업체들이 겪는 딜레마는 푸시 알림이다. 공동구매 상품 홍보 푸시를 보내면 매출은 오르지만, 너무 자주 발송하면 회원 이탈률이 높아져 장기

무조건 성공하는 온라인 유통&마케팅

적으로는 불리할 수 있다.

공동구매가 활발히 진행되는 주요 모바일 어플 및 다운로드 수(2024년 10월 기준)

- 올웨이즈: 500만~
- 공구마켓: 500만~
- 심쿵할인: 500만~
- 할인중독: 500만~
- 미스할인: 100만
- 옐로우쇼핑: 100만~
- 할인타임: 100만~

올웨이즈가 전체 공동구매 어플 중에 선두자리를 지키며 급성장하고 있다. 올웨이즈는 2021년 9월 앱 정식 런칭 이후 빠르게 성장하여 2024년 1월 기준 MAU 310만, DAU 150만, 월 거래액 620억을 달성하였는데 누적 투자 금액만 853억 원이다. 올웨이즈 전에 공동구매 어플의 최강자는 공구마켓, 심쿵할인, 할인중독이었는데 이 3개의 공동구매 어플은 '제이슨'이라는 업체가 동시에 운영하고 있다. 제이슨은 매출이 성장함에 따라 위탁판매만 하지 않고 지금은 직접 상품을 사입해서 판매하는 방식도 진행하고 있다.

공동구매 어플 거래 조건

각 어플별로 거래 조건이 모두 상이하나 일반적으로 수수료는 최소 25% 이상이고 판매 대금 정산은 45~60일 정도로 생각하면 된다. 너무 영세한 공동구매 어플 업체들은 언제든 판매 대금을 받지 못할 위험성이 항상 존재하니 주의해야 한다.

공동구매 어플 찾는 방법

구글 플레이스토어에서 '공동구매', '쇼핑'으로 검색하면 찾을 수 있다. 이 중 다운받은 후 판매되는 상품들의 반응들을 확인하여 판매가 활성화된 공동구매 어플인지 확인해야 한다.

입점 방법

각 어플들의 세부 정보를 보면 연락처들이 나와 있는데 그 연락처로 연락하여 입점 제안을 하면 된다. '할인중독', '심쿵할인', '공구마켓'을 운영하는 앱 공동구매 어플 전문업체인 '제이슨'의 경우는 참고한 QR을 통해서 입점 제안을 하면 된다. 최근 가장 핫한

쇼핑몰어플인 올웨이즈는 올웨이
즈 판매자센터에서 회원가입하고
판매를 진행하면 된다.

제이슨딜
홈페이지

올웨이즈
판매자센터

CHAPTER 06

유튜브 유통 마케팅: 엄청난 성장 가능성을 지닌 유튜브쇼핑

●●●　　　지금 가장 영향력이 큰 온라인 매체를 얘기하면 그것은 당연히 유튜브이다. 그 어떤 SNS보다도 유튜브의 사용량이 월등히 높다. 보통 온라인 판매를 얘기할 때 유튜브는 판매에 적합하지 않은 채널이라는 의견이 많았다. 실제로 유튜브에서 상품 판매를 과거에도 많이 시도했지만 그다지 큰 효과는 보지 못했었다. 뷰티, 패션 등의 인플루언서 유튜버가 본인의 유튜브 채널에서 상품을 판매하는 정도였었다. 그러나 이마저도 네이버 쇼핑라이브, 그립 같은 1인 라이브 방송 판매 채널이 활성화되면서 유튜브에서 직접 상품을 판매하는 것은 거의 사라져가고 있다. 그러나 유튜브에서 유튜브 영상을 보면서 바로 결제까지 할 수 있는

유튜브쇼핑 기능을 도입하면서 유튜브쇼핑은 온라인 판매에서 엄청난 화제를 불러일으킬 태풍의 눈으로 성장하고 있다.

과거 유튜브 판매 방식

유튜브 판매는 보통 영상으로 상품을 홍보하고 게시글에 쇼핑몰 링크, 구매 링크, 카톡 플러스친구 링크 등을 넣어서 별도의 장소로 빼와서 판매를 하였다. 유튜브 크리에이터들은 보통 유튜브, 인스타그램 등에서 홍보·판매를 하는데 최종적으로는 본인의 쇼핑몰로 유입시켜서 판매를 했다. 쇼핑몰이 없으면 스마트스토어나 블로그에서 판매를 하는데 결제가 빠르기 때문에 자사 쇼핑몰을 선호했다. 블로그에서 판매를 하는 경우에는 블로그페이같은 간편 결제 시스템을 이용했다.

세계 최초로 한국에 런칭한 유튜브쇼핑

유튜브는 2024년 6월 세계 최초로 '유튜브 쇼핑 전용 스토어'를 한국에 출시하며 본격적으로 온라인 커머스 시장 공략에 나섰다. 카페24와 손잡고 쇼핑 스토어 개설부터 판매, 구매, 결제까지 가능한 시스템을 선보였으며, 클릭 몇 번으로 간편하게 쇼핑 채널을 만들 수 있다. 기존에는 유튜브에서 외부 쇼핑몰이나 쿠팡 같은 사이트로 연결해 결제해야 했지만, 이제는 유튜브 내에서 직접 구매가 가능하다. 유튜브 쇼핑 스토어에서 별도의 가입 절차 없이 필수 정보만 입력하면 상품을 주문할 수 있으며, 결제도 카드, 계좌이체, 간편 결제 등이 가능하다.

유튜브가 커머스를 강화하는 이유는 '영상', '팬덤', '커머스'가 결합한 라이브커머스가 앞으로 온라인 커머스 성장을 이끌 것으로 예상되기 때문이다. 유튜브가 한국에 이 기능을 먼저 선보인

손쉬운 상품 등록
카페24 쇼핑몰이나 외부 오픈 마켓에서 이미 판매 중인 상품 정보를 클릭 몇 번만으로 쉽게 가져올 수 있어요.

유튜브 크리에이터 협업
다양한 유튜브 크리에이터 채널과 협업하며 유튜브를 통해 효과적으로 상품을 판매할 수 있어요.

초기비용 없이 스토어 만들기
복잡한 디자인 작업에 드는 초기 비용 없이 스토어를 만들어 보세요. 비용을 들이지 않고도 판매를 시작할 수 있어요.

간편한 유튜브 스토어 관리
상품 등록부터 주문/배송 관리, 매출 현황 파악 등 모든 것을 한 곳에서 손쉽게 확인하고 관리해 보세요.

[그림 3-5] 유튜브쇼핑 특징(출처: 카페24 유튜브쇼핑 홈페이지)

무조건 성공하는 온라인 유통&마케팅

배경에는 한국 소비자들이 영상 기반 SNS를 다양하게 활용하는 점이 크다. MZ세대에 이어 알파 세대도 동영상 플랫폼을 쇼핑 플랫폼으로 인식하는 점도 긍정적인 요인이다. 또한 틱톡이 커머스 시장에서 성공을 거두자 유튜브가 경쟁에 나섰다는 분석도 있다. 한국무역협회에 따르면 틱톡샵의 2023년 글로벌 매출은 약 200억 달러로 전년 대비 5배 증가했다.

이처럼 유튜브까지 진출하면서 '영상'과 '커머스'가 결합된 라이브커머스 시장은 더욱 성장할 전망이다. 쿠팡, 네이버 등 기존 온라인 커머스 강자들뿐만 아니라 홈쇼핑 업계에도 큰 영향을 미칠 것으로 보인다. 유튜브는 이번에 자체 생태계 내에서 쇼핑 스토어 개설, 판매, 구매, 결제까지 모두 가능한 시스템을 도입해, 판매자는 구글 계정으로 간편하게 스토어를 만들고 상품을 판매할 수 있게 되었다.

유튜브쇼핑 판매 조건

- 구독자 수 500명 이상
- 영상 유효 시청 시간 3,000시간

   또는 쇼츠 조회 수 300만회 이상
- 지난 90일간 공개 동영상 업로드 3회

유튜브쇼핑에 대해 더 자세히 알아보고 싶다면, 카페24가 운영하는 유튜브쇼핑 아카데미를 참고하는 것이 좋다. 이 아카데미에서는 유튜브쇼핑의 기본 개념부터 실제 활용 방법, 효과적인 상품 노출 전략까지 다양한 내용을 체계적으로 배울 수 있다. 또한 최신 트렌드와 성공적인 운영 사례를 통해 유튜브쇼핑을 어떻게 비즈니스에 적용할 수 있는지 구체적인 가이드를 제공하므로, 유튜브쇼핑을 시작하려는 사람들에게 매우 유용한 정보가 될 것이다.

카페24에서 운영하는 유튜브 쇼핑 아카데미

유튜브쇼핑 차별화 포인트 1: 손쉬운 상품 등록

판매하고자 하는 상품 정보는 직접 등록하거나 다른 곳에서 불러올 수 있는데 기존에 운영하고 있던 카페24 쇼핑몰이 없더라도 가능하다. 오픈마켓에서 판매 중인 상품이 있다면 복잡한 과정 없이 상품을 간편하게 불러와 유튜브 스토어에 등록할 수 있다. 유튜브쇼핑 관리 도구에서 '마켓 상품 가져오기'를 사용하면 간편하게 상품 정보를 불러올 수 있다.

유튜브쇼핑 차별화 포인트 2: 유튜브의 다양한 채널에 판매 가능

유튜브 스토어에 등록한 상품은 내가 직접 운영 중인 유튜브 채널이나 함께 협업하고 있는 다른 크리에이터 채널 어디로든 쉽게 보내서 판매할 수 있다. 더욱 효과적인 판매를 위해 유튜브 특가나 프로모션을 설정할 수도 있다.

온라인 유통 마케팅 핵심 실전 노하우 1

CHAPTER 01

네이버·SNS 콘텐츠 구축:
온라인상에 가성비 최고의
상품 브랜딩

●●● 　　　　오늘날 대기업들은 다양한 광고 매체를 활용해 높은 비용으로도 효과적인 브랜딩을 구축하고 소비자 신뢰를 얻고 있다. 반면, 중소기업은 이러한 대규모 광고 투자가 어려운 상황이다. 그러나 온라인 마케팅이 활성화되면서 적은 비용으로도 큰 효과를 낼 수 있는 방법이 등장했으며, 특히 네이버와 SNS를 활용한 콘텐츠 구축은 가성비 면에서 최고의 전략이라고 할 수 있다.

네이버는 한국에서 가장 영향력 있는 검색 플랫폼으로, 다양한 콘텐츠 영역에 상품 정보를 노출함으로써 잠재 고객의 신뢰를 얻을 수 있다. SNS는 그 특성상 휘발성이 있지만, 상품에 대한 첫인

PART 04 온라인 유통 마케팅 핵심 실전 노하우 1　　　　　　　　173

상을 강하게 남기는 데 유리한 매체다. 이번 챕터에서는 네이버와 SNS를 활용한 콘텐츠 구축 전략을 통해 어떻게 중소기업도 가성비 높은 상품 브랜딩을 실현할 수 있는지 살펴보겠다.

네이버 통합검색 콘텐츠 구축

삼성, LG 같은 대기업이나 코카콜라, 나이키, 아모레퍼시픽 같은 대형 브랜드들은 브랜딩을 위해 엄청난 비용을 광고에 투자한다. TV, 지하철, 라디오, 온라인 등 거의 모든 영역에서 광고와 홍보를 진행하며, 이를 통해 고객들은 해당 브랜드에 대한 신뢰를 쌓는다. 덕분에 신상품이 출시되더라도 이미 형성된 신뢰 덕분에 구매를 주저하지 않는다. 예를 들어, 코카콜라가 새로운 탄산음료를 출시한다면, 우리는 그 음료의 품질이나 브랜드를 의심하지 않고 쉽게 구매한다. 코카콜라는 오랜 시간 온·오프라인에서 충분히 브랜딩 작업을 했기 때문에 소비자들은 이미 신뢰를 가지고 있다.

반면, 중소기업의 신상품 A는 다르다. 고객이 온라인이나 오프라인에서 A의 홍보 글을 접한다 해도, 무명 브랜드에 대한 구매 결정은 쉽지 않다. 고객들은 상품에 대한 정보가 부족하고, 제조업체에 대한 신뢰가 없기 때문이다. 아무리 상세페이지에서 원재료, 맛, 기능, 디자인, 가격 등을 설명하더라도, 대부분의 고객들은 이를 광고로만 받아들이고 쉽게 믿지 않는다.

중소기업은 대기업처럼 막대한 비용을 들여 브랜딩을 할 수 없기 때문에, 적은 비용으로도 효율적인 브랜딩 작업을 해야 한다. 사실 대부분의 중소기업은 대기업의 1/100도 투자하기 어렵다. 과거, 온라인이 활성화되기 전에는 중소기업이 브랜딩을 하기가 매우 힘들었다. 오프라인 광고에 드는 비용도 상당했으며, 그 정도 비용으로는 효과적인 브랜드 인지도를 쌓기 어려웠다.

온라인이 활성화되면서 적은 비용으로도 효과적인 브랜딩이 가능해졌다. 그 중심에는 한국의 검색 시장 1위 플랫폼인 네이버가 있다. 네이버에 상품 브랜딩을 위한 콘텐츠를 잘 구축해 놓으면 최소한의 비용으로 최대의 효과를 얻을 수 있다. 2위 플랫폼인 구글은 주로 전문적인 정보나 지식을 얻는 데 이용되기 때문에, 온라인 쇼핑 관련 내용에서는 네이버 이용률이 훨씬 높다. 예를 들어, 누군가가 온라인이나 오프라인에서 어떤 상품을 보고 관심이 생기면 대개 네이버 검색창에 그 상품을 검색해 볼 것이다. 그렇기 때문에 네이버의 각 영역에 내 상품과 브랜드에 대한 콘텐츠를 키워드별로 잘 구축해 놓는 것이 중요하다.

한국에서 네이버 콘텐츠 구축보다 가성비 좋은 홍보, 광고 방법을 찾기는 어렵다. 고객이 잘 알려지지 않은 중소기업의 상품 B를 구매하는 과정을 생각해 보자. 고객이 G마켓, 쿠팡, 카카오스토리, 인스타그램 등에서 B라는 상품의 판매 글을 보았다고 하자.

상세페이지나 홍보 글을 보고 더 알아보고 싶으면, 아마 네이버에서 해당 상품을 검색할 것이다. 이때 검색 결과에 나오는 콘텐츠가 신뢰를 주는지에 따라 구매 여부가 결정된다. 만약 검색 결과에 B에 대한 콘텐츠가 부족하거나 아예 없다면, 고객은 구매를 망설이게 될 것이다.

따라서 네이버 각 영역에 상품 관련 콘텐츠를 충분히 구축하는 것이 중요하다. 다른 매체에서 광고나 홍보를 진행하는 데는 큰 비용이 들고, 그에 따른 브랜딩 효과도 네이버 콘텐츠 구축에 비해 미미할 가능성이 크다. 네이버에서의 브랜딩 작업을 확실히 해두는 것은 다른 브랜딩 작업보다 우선되어야 한다.

네이버에서 중소기업 상품 브랜딩과 관련된 주요 영역은 아래와 같다. 이 외에도 어학사전, 실시간 검색, 지식백과, 책, 뮤직, 학술영역, 파워링크, 브랜드 검색 등 다양한 영역이 존재한다.

○ 동영상, 쇼핑, 카페, 이미지, 웹사이트, 뉴스, 지도, 지식in, 인플루언서

각 영역에서 키워드를 잡아 콘텐츠를 올리면, 해당 키워드로 검색할 때 내가 만든 콘텐츠가 노출된다. 1순위 키워드는 상품명과 브랜드명이며, 그와 연관된 키워드가 차순위이다. 예를 들어, 100% 오렌지 착즙주스를 판매하고 상품명이 '돈시몬'이라면 '돈시몬'이 1순위 키워드이고, 2순위는 '오렌지 착즙주스', '웰빙 오렌지

무조건 성공하는 온라인 유통&마케팅

주스', '100% 오렌지주스'와 같은 키워드가 될 수 있다.

키워드를 선정할 때 주의할 점은 너무 경쟁이 치열한 대표 키워드, 예를 들어 '오렌지주스' 같은 것을 선택하면 내가 만든 콘텐츠가 상위에 노출되기 어렵고, 노출되더라도 금방 뒷페이지로 밀릴

네이버 광고

수 있다는 것이다. 따라서 경쟁이 덜하면서도 내 상품 판매에 도움이 될 키워드를 선택하는 것이 중요하다. 키워드 경쟁도는 네이버 광고 시스템의 '도구' 메뉴에 있는 '키워드 도구'에서 확인할 수 있다. 이곳에서 각 키워드의 PC와 모바일별 월간 검색 수, 클릭 수, 클릭률은 물론 연관 키워드도 확인할 수 있어 유용하다.

네이버에서 가장 중요한 콘텐츠 중 하나는 이미 구매한 사람들이 작성한 시식, 사용, 체험 후기이다. 처음 보는 상품에 대해 신뢰가 가지 않는 예비 고객들에게, 미리 구매한 사람들의 후기는 큰 도움이 된다. 여러 후기가 만족스럽게 작성되어 있다면 구매 결정을 내리기가 훨씬 수월해진다. 아무리 상품의 장점이나 각종 수상, 인증 사례가 있어도, 실제 구매 후기가 없다면 최종 구매로 이어지기 어렵다. 네이버 통합검색에서 가장 중요한 네 가지 영역은 '뉴스', '블로그', '카페', '인플루언서'라고 할 수 있다.

뉴스 영역에 신뢰할 수 있는 콘텐츠가 올라가면 고객의 신뢰도가 높아지는데, 메이저 언론사보다 중소 언론사라도 많은 기사가 올라가는 것이 더 효과적이다. 블로그와 카페의 글들은 광고로 여겨지기 쉽지만, 뉴스 기사는 그렇지 않다. 고객들이 블로그 후기가 광고라는 사실을 많이 인지하고 있지만, 여전히 블로그 사용 후기는 중요한 콘텐츠다. 블로그와 카페 중에서는 블로그의 노출도가 더 높지만, 카페 후기는 진정성이 있어 보이는 장점이 있다. 다만, 네이버 통합검색에서 카페 콘텐츠는 노출이 거의 되지 않아 브랜딩에 불리한 점이 있다.

최근에는 블로그보다 인플루언서 영역의 중요성이 커지고 있다. 인플루언서 영역에 노출되는 키워드에는 반드시 콘텐츠를 마련하는 것이 좋다. 네이버는 SNS 시대에 맞춰 인플루언서의 후기 콘텐츠를 강조하고 있으며, 많은 업체가 이 영역에 집중하고 있다. 또한, '웹사이트', '동영상', '지식IN', '지도' 영역에도 콘텐츠를 구축하면 고객의 신뢰가 높아지고 구매 결정이 쉬워진다. 물론, 네이버 '쇼핑' 영역에 상품 등록은 필수이다.

뉴스 영역

뉴스 기사를 내는 방법은 세 가지가 있다. 첫 번째는 직접 기사를 작성해 온·오프라인 언론사 기자들에게 보내 채택되면 기사화되는 방식이고, 두 번째는 뉴스와이어 같은 유료 보도자료 배포 서비스를 이용하는 방법이다. 세 번째는 언론 홍

보도자료 배포 서비스 뉴스와이어

보 대행사를 통해 기사를 노출하는 방법이다. 첫 번째 방식은 효

율성이 낮고, 두 번째 방식은 기사에 자신이 있을 때 좋지만, 일반적인 중소기업에게는 세 번째 방법인 언론 홍보 대행사를 이용하는 것이 더 적합하다.

프리랜서 중개 사이트 '크몽'에서 '언론홍보', '기사송출' 등을 검색하면 많은 언론 홍보 대행사를 찾을 수 있다. 이때, 구매 후기가 많고 평이 좋은 대행사를 선정하는 것이 중요하다. 뉴스 콘텐츠는 대형 언론사 한 곳에 나오는 것보다 중소 온라인 언론사 여러 곳에 노출되는 것이 효과적이다. 일반적으로 10만 원 안팎으로 뉴스 기사 1건을 노출할 수 있다. 기사 내용은 CEO 인터뷰, 신상품 출시, 대형 이벤트, 공신력 있는 인증 및 수상 내역 등이 적합하다.

크몽에서
'기사송출'로 검색

블로그 영역

블로그 영역에는 보통 고객들의 구매 후기가 올라온다. 뉴스 영역에는 상품 구매에 대한 객관적인 신뢰를 주는 콘텐츠가 있다면 블로그 영역에는 구매에 직접적인 영향을 주는 먼저 구매한 사람들의 상품 세부 설명 및 만족하다는 구매평이 있어야 한다. 블로그 영역에도 단순히 블로그 한 개에 올리는 것이 아니고 여러 개의 키워드로 여러 개의 블로그에 올려야 한다. 블로그 영역에 올리는 것은 일반적으로 블로그 체험단을 통해서 이루어지는데 블로그 체험단은 직접 모집해서 진행하는 방법도 있지만 내가 직접 할 역량이 안 되면 대행사를 통해서 진행하는 방법도 있다. 체험단을 운영할 때는 키워드 선정, 우수 블로거 파악하는 방법, 블로그 작성 가이드라인에 대한 것들을 내가 어느 정도 알고 있어야 효과를 볼 수 있다. 아무 지식 없이 대행사들에 맡기면 대행사들에 휘둘릴 수 있고 큰 효과를 보지 못할 수도 있다.

가령 블로그도 노출 등급이 따로 있다. 무조건 키워드 잡아 글을 쓴다고 다 네이버 블로그 영역에 상위 노출되는 것이 아니고 어느 정도 블로그 지수가 있는 블로그에 콘텐츠를 올렸을 때 네이버 블로그 영역에서 상위 노출이 가능하다. 체험단을 진행하는 블로거들이 블로그 등급이 낮은 블로거들로만 이루어져 있으면 체험단 효과가 떨어질 수밖에 없다. 대행사들이 이런 세부적인 것들을 다 컨트롤해 줘야 하는 데 대중적으로 널리 알려진 블로그 체험단 대행사 몇 군데를 소개하면 아래와 같다.

○ 레뷰, 모블, 미블

카페 영역

카페 영역도 블로그처럼 주로 상품 구매 후기가 주를 이룬다. 다만, 카페 후기는 블로그 후기보다 다소 덜 세련된 느낌이지만, 오히려 이 점이 예비 구매 고객들에게 더 진정성 있게 다가간다.

블로그에 올라온 정교하게 작성된 후기는 광고로 느껴질 수 있지만, 카페에 올라오는 아마추어적인 후기들은 실제 구매자들의 경험담으로 보이기 쉽다. 카페에서도 블로그처럼 노출을 좌우하는 카페 지수가 중요하다. 기본적으로 카페 등급이 '열매' 이상, 최소 '가지' 등급의 최적화된 카페에서 진행해야 노출 확률이 높아진다. 또한, 글을 작성하는 사람의 아이디 지수도 중요해, 지수가 낮을 경우 키워드를 설정해도 상위 노출이 어렵다.

맘들이 많이 모여 있는 전국 단위 및 지역 단위의 맘카페에서 체험단을 운영하는 경우가 많은데, 이를 통해 콘텐츠가 카페, 블로그, SNS에 동시에 노출되기도 한다. 유명한 전국 단위 맘카페들을 소개하면 아래와 같다.

○ 레몬테라스, 맘스홀릭 베이비, 예카, 지후맘의 임산부 모여라

이런 전국 단위 카페는 노출 효과가 크기 때문에 체험단 비용이 지역 카페보다 높다. 만약 비용이 부담스럽다면, 송파맘, 일산맘, 판교맘과 같은 지역 단위 맘카페에서 체험단을 진행하는 방법도 있다.

인플루언서 영역
인플루언서 영역 노출은 블로그, 카페의 체험단 수준이 아니

고 더 높은 영향력을 가진 인플루언서에 의해 작성된 콘텐츠만 노출이 가능하다. 블로그, 카페 체험단에 의해 작성된 후기 콘텐츠들이 신뢰도가 떨어진다고 생각하고 네이버에서 인플루언서들의 후기를 집중적으로 노출을 시켜주고 있다.

직접 인플루언서 영역에 노출된 인플루언서들에게 연락해서 콘텐츠를 올려달라고 협의를 할 수도 있고 크몽 같은 프리랜서 사이트에서 대행사를 통해 노출 시켜도 된다. 일반 체험단보다는 비용이 상대적으로 높을 수밖에 없다. 인플루언서 영역은 노출이 되는 키워드도 있고 노출 안 되는 키워드도 있는데 노출되는 키워드에는 꼭 만들어 놓기를 추천한다.

쇼핑 영역

쇼핑 영역 노출은 오픈마켓, 종합몰, 전문몰, 스마트스토어, 자사몰 같은 쇼핑몰에 등록하면 노출이 된다. 스마트스토어는 네이버에서 운영하는 쇼핑몰이라 쇼핑 영역에 자동 노출되나 자사몰, 오픈마켓, 종합몰, 전문몰 같은 외부 쇼핑몰의 경우는 네이버쇼핑 연동 노출 설정을 해주어야 노출이 된다. 네이버 통합검색의 모든 영역에 노출이 되어도 실상 구매를 할 수 있는 쇼핑 영역에 상품이 없다고 하면 구매를 할 수 없기 때문에 반드시 등록이 되어 있어야 한다. 또한 일반적으로 고객들은 평소에 구매를 하는 쇼핑몰에서만 구매하는 특성이 있기 때문에 이왕이면 다양한 쇼핑몰들에 노출되면 좋다.

지식iN 영역

지식iN 영역은 몇 년 전에 마케팅 용도로 엄청난 인기를 끌었으나 사람들이 지나치게 광고, 홍보 글을 올린 뒤로는 네이버의 제재가 심해졌다. 마케팅 업체들이 수백 개의 아이디로 키워드를 잡아서 여러 개의 아이디로 질문하고 또 다른 아이디들로 긍정적인 답글을 올리는 일이 빈번해지면서 네이버가 이런 행위에 대해 아이디 정지 등의 제재를 가하고 있다.

여하튼 지식iN 영역의 경우 나의 상품에 대해 궁금해하는 사람의 질문에 대해 답글을 올리게 되면 노출이 된다. 게시글의 제목과 본문 글에 내 상품 또는 브랜드에 대한 키워드가 여러 번 반복되어야 상위 노출에 유리하다.

동영상·이미지 영역

영상 또는 이미지로 상품 정보, 구매 후기, 제조 공정, 탄생 스토리 등을 만들어서 네이버TV, 유튜브, 판도라 TV 같은 동영상 공유 플랫폼에 올리거나 네이버 블로그·카페 등에 첨부하게 되면 동영상 영역 및 이미지 영역에 노출이 될 수 있다. 이때 한 가지 주의해야 할 것이 있는데 만든 영상이나 이미지의 파일명에 반드시 내가 노출하려고 하는 키워드가 들어가야 한다는 점이다. 키워드가 들어가지 않으면 네이버 검색 시 노출되지 않을 확률이 매우 높다.

웹사이트 영역

보통 웹사이트에는 홈페이지가 노출되지만, 본인의 홈페이지가 없을 경우에는 네이버에서 제공하는 무료 모바일 쇼핑몰인 MODOO를 만들어 웹사이트 영역에 노출시킬 수 있다.

네이버 통합검색의 각 영역에 충분한 콘텐츠가 구축되어 있어야, 그 키워드로 검색한 예비 고객들에게 신뢰를 줄 수 있고, 구매로 이어질 확률도 높아진다. 통합검색 각 영역에 다양한 키워드로 콘텐츠를 구축하는 것은 온라인 상품 브랜딩의 기본이며, 온·오프라인의 다른 광고나 홍보 작업보다 가성비가 좋기 때문에 신경 써서 준비해야 한다. 또한, 콘텐츠는 최소 1~2년 단위로 업데이트해 주어야 한다.

네이버 PC와 모바일에서 키워드별 노출 순서와 영역이 다를 수 있기 때문에, 이를 잘 확인하고 진행해야 한다. 특히 모바일 영역은 노출되는 영역이 제한적이기 때문에 주의가 필요하다. 예를 들어, 모바일에서 많이 검색되는 키워드인데 블로그가 주로 노출된다면, 블로그 영역에 신경 써야 하고, 지식iN이 주로 노출된다면 그 영역에 집중하는 것이 중요하다.

SNS 콘텐츠 구축

SNS상에 콘텐츠를 구축하는 것은 네이버 통합검색만큼 가성비가 뛰어나지는 않다. 네이버 통합검색 콘텐츠 대비 SNS 콘텐츠들의 특징은 휘발성이다. 일정 시간이 지나면 사라지게 된다. SNS 콘텐츠들은 생명력이 짧다. 그렇기 때문에 신상품·신규 브랜드 출시 초기에 열광적인 초기 붐을 만들고자 할 때 이용한다. SNS 콘텐츠에는 페이스북, 인스타그램, 유튜브, 카카오스토리 채널, 네이버밴드, 트위터 등이 있는데 이 중 상품 브랜딩에 가장 유용한 SNS를 뽑으라면 역시 인스타그램, 페이스북, 유튜브를 들 수 있다.

인스타그램

인스타그램은 체험단 형식으로 주로 활용된다. 네이버의 키워드처럼 해시태그를 설정하고, 체험단을 통해 이를 확산시키는 방식이 많이 사용된다. 즉각적인 매출과 홍보를 위해 인스타그램만큼 효과적인 SNS도 없다. 사진 한 장과 간단한 글로 고객 반응을 끌어낼 수 있기 때문에, 최근 가장 인기 있는 홍보 수단 중 하나다.

1~2년 전만 해도 '인스타그램 체험단'이라는 용어가 생소했지만, 이제는 수많은 체험단이 존재한다. 체험단을 직접 모집하기 힘든 업체들은 대행사를 통해 진행할 수 있다. 이때 중요한 것은 콘텐츠를 올리는 인스타그램 유저의 영향력이다. 팔로워가 100명

인 유저와 1만 명인 유저가 올리는 홍보 효과는 당연히 다르기 때문이다. 대행사를 이용할 때는 해시태그 키워드와 유저의 활성도를 꼭 확인해야 한다.

팔로워가 1만 명 이상인 유저에게는 적지 않은 비용이 발생할 수 있기 때문에, 팔로워 수천 명 단위의 유저를 타겟팅하는 것이 더 효율적일 수 있다. 예를 들어, 팔로워 5천 명인 유저 20명을 확보하면 10만 명에게 상품을 홍보할 수 있다. 20~30대 대상의 비주얼이 중요한 상품은 인스타그램을 잘 활용하면 확실한 홍보 효과를 기대할 수 있다.

페이스북

페이스북은 인스타그램과 달리 광고 없이는 도달률이 낮다. 체험단보다는 직접적인 상품 홍보와 구매 전환이 중심이다. 기업용 계정인 페이스북 페이지에 콘텐츠를 올린 후 광고를 진행하는 방식으로 운영된다. 이때 이미지보다 동영상 콘텐츠가 훨씬 도달률이 높기 때문에 동영상 활용이 유리하다. 실제로 에이프릴스킨, 미팩토리, 블랭크코퍼레이션 같은 기업들은 페이스북 영상 광고만으로 수천억 원의 매출을 올리며 성공했다. 이들 기업의 페이지에서 동영상 콘텐츠의 카피나 영상 구성을 벤치마킹해 보는 것이 좋다.

페이스북 브랜딩에 성공하려면 타깃 설정, 콘텐츠 제작, 광고 집행에 대한 철저한 계획이 필요하다. 특히 뷰티, 패션, 다이어트, 건강 관련 상품들은 페이스북 광고의 효과가 뛰어나다. 초기에는 광고비를 투자해 유료 광고를 집행하더라도, 위의 성공 사례들처럼 콘텐츠의 화제성, 차별성, 퀄리티가 높다면 공유 기능을 통해 수백만 명에게 확산될 수 있다. 인스타그램과 유튜브의 인기에 밀려 하향세를 겪고 있지만, 여전히 페이스북에 일부 콘텐츠를 구축해 두는 것이 유리하다.

유튜브

유튜브는 휘발성이 강한 인스타그램이나 페이스북 콘텐츠와 달리 어느 정도 지속이 되는 특징이 있으며 게다가 검색 기반의 SNS 플랫폼이다. 그래서 네이버 통합검색 동영상 영역에서 유튜브 영상들은 키워드에 의해 검색이 된다. 유튜브는 단기적인 SNS 마케팅 수단이라기보다는 장기적인 SNS 마케팅으로 활용하여야 한다.

해외 사례인데 'Blendtech'라는 믹서기 업체는 자사 믹서기 상품으로 아이폰과 갤럭시S를 갈아버리는 유튜브 동영상을 통해 회사 브랜드 인지도를 엄청나게 올리고 상품 판매량도 비약적으로 늘렸다. 지금 유튜브는 그 어떤 SNS보다 더 이용률, 사용 시간이 길다. SNS의 대세가 이미 유튜브로 정리되었기 때문에 항상 유튜브에 대해 적극적으로 활용 방안을 연구해야 한다.

SNS 체험단

SNS상에 콘텐츠 구축의 중요성이 증가함에 따라 블로그 체험단과 비슷하게 인스타그램 위주의 SNS 체험단들이 활성화되고 있다. 네이버에서 'SNS 체험단'으로 검색해 보면 업계 선두권인 공팔리터(0.8L)를 비롯해서 많은 체험단들을 찾을 수 있다. 체험단 업체들은 일정 수수료를 받고 인플루언서들에게 특정 업체의 상품을 공급하여 SNS상에 해당 업체의 사용·시식 후기 콘텐츠들을 만드는 것을 도와준다. 20~30대 젊은 여성 타깃의 비주얼이 중요한 패션, 잡화, 다이어트, 뷰티 상품이라면 SNS 체험단을 통해 좋은 효과를 볼 수 있다.

그러나 위의 SNS 콘텐츠 구축에서 언급한 인스타그램, 페이스북, 유튜브의 경우도 역시 네이버 통합검색의 영향에서 벗어날 수 없다. 인스타그램, 페이스북, 유튜브에서 상품 콘텐츠를 보고 관심이 있어서 상품에 대해 더 알아보려고 하면 결국 네이버 통합검색에서 종합적으로 알아볼 것이기 때문이다. SNS상에 콘텐츠를 구축하는 것도 중요하지만 네이버 통합검색 영역의 콘텐츠 구축은 기본으로 확실히 해놓아야 한다.

공팔리터(www.08liter.com): 국내 1등 SNS 마케팅 플랫폼

공팔리터는 뷰티, 푸드, 패션 등 다양한 상품을 체험할 수 있는 국내 1위 SNS 마케팅 플랫폼으로 자리 잡고 있으며, 소비자들에게 SNS에 체험 리뷰를 남기는 대가로 다양한 상품을 경험해 볼 기회를 제공하고 있다. 특히 새롭고 트렌디한 상품을 무료 또는 저렴한 가격에 손쉽게 경험할 수 있다는 점이 공팔리터만의 차별화된 서비스로, 이러한 강점을 바탕으로 현재 전 세계 여러 나라로 활발히 진출해 있다. 아모레퍼시픽, LG생활건강, 러쉬, 풀무원, 오뚜기 등 4,500여 개의 대형 파트너와 중소기업이 공팔리터와 협력하고 있으며, 이를 통해 각 기업은 새로운 마케팅 채널을 효과적으로 활용하고 있다.

SNS는 이제 개인의 일상뿐만 아니라 다양한 정보를 공유하는 공간으로 급격히 성장하고 있으며, 대다수 기업이 마케팅 채널로 활용하는 필수 플랫폼이 되었다. SNS 뉴미디어는 고객과 신속하고 저렴하게 소통할 수 있는 공간을 제공하며, 특히 콘텐츠 바이럴 마케팅에 최적화된 방법으로 큰 주목을 받고 있다. 과거에는 리뷰가 단순히 구매 전환율을 높이는 데에 그쳤지만, 이제는 SNS를 통한 홍보가 마케팅에서 중요한 역할을 담당하고 있다. 최근에는 인플루언서 광고보다 친구나 지인을 통한 홍보가 더욱 효과적이며, 이러한 자연스러운 방식의 성공 사례도 점차 증가하고 있다.

특징	설명
체험단 운영	공팔리터는 체험단 프로그램을 통해 소비자가 무료로 제품을 사용하고 솔직한 리뷰를 남길 수 있도록 지원합니다.
신뢰성 높은 리뷰	실제 사용자 경험을 기반으로 작성된 리뷰만을 관리하며, 후기를 엄격하게 관리하여 신뢰성 있는 정보 제공을 목표로 합니다.
다양한 리뷰 형식 지원	텍스트, 사진, 영상 리뷰 등 다양한 형식을 지원하여 소비자에게 생생하고 시각적인 정보를 제공합니다.
소셜 미디어 연동	인스타그램, 블로그 등 여러 소셜 미디어와 연동하여 더 많은 사용자에게 리뷰가 도달할 수 있도록 하여 마케팅 효과를 증대시킵니다.
데이터 분석 서비스	수집된 리뷰와 사용자 데이터를 분석하여 브랜드가 소비자 의견을 반영한 제품 개선 및 마케팅 전략 수립에 활용할 수 있도록 돕습니다.

공팔리터는 '세상의 모든 판매자와 소비자를 연결한다'는 비전 아래, 소비자들의 솔직한 후기가 SNS를 통해 자연스럽게 확산되도록 지원하고 있다. 이러한 후기들은 팔로워들에게 손쉽게 공유되어 브랜드에 대한 친밀감을 증대시키고, 동시에 브랜드 신뢰도를 높이는 데 기여한다.

파트너사들은 공팔리터와의 협력을 통해 체계적인 마케팅 전략을 수립하며, 보다 큰 홍보 효과와 고객 만족을 기대할 수 있다. 공팔리터는 체험 마케팅 프로세스를 자동화하여 비용 절감에도 성공하였으며, 최근에는 유튜브 체험단과 QR 리뷰 서비스로 확장하여 더욱 다양한 마케팅 지원을 제공하고 있다.

CHAPTER 02

스마트스토어 노하우: 상위 노출 및 판매 꿀팁

● ● ●　　　　　스마트스토어 운영의 주요 목적은 다른 모든 쇼핑몰과 마찬가지로 매출을 발생시키는 것이다. 이를 효과적으로 이해하기 위해서는 먼저 그림 4-1에 나와 있는 쇼핑몰 업무 흐름도를 명확하게 숙지하는 것이 매우 중요하다. 이러한 업무 흐름도를 제대로 이해하는 것은 스마트스토어의 전반적인 운영과 성공에 있어 핵심적인 요소로 작용한다.

　네이버쇼핑 상위 노출은 해당 업무 흐름도에 나와 있는 '트래픽 발생'의 일부에 불과하지만, 네이버 검색엔진 사용자가 매우 많고 별도의 광고비를 들이지 않고도 상위에 노출될 수 있다는 점은 스마트스토어만의 특별한 강점이다. 따라서 판매자라면 반드시 이

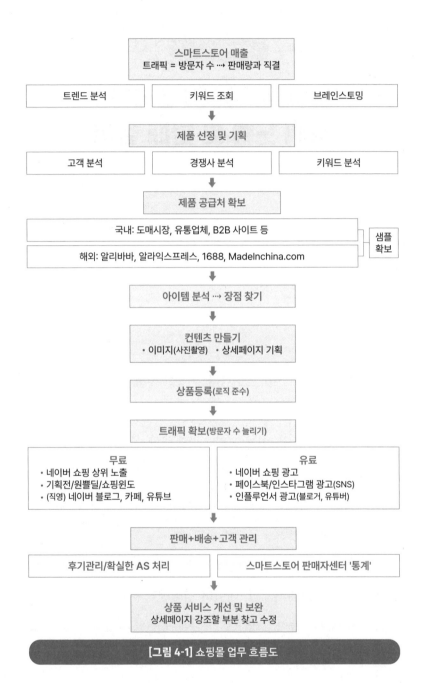

[그림 4-1] 쇼핑몰 업무 흐름도

　　　　　　　　　　　　　　　　　　　　　　무조건 성공하는 온라인 유통&마케팅

상위 노출을 공략해야 할 전략적 요소로 고려해야 한다.

상위 노출 및 판매 꿀팁 1:
가이드를 암기하라!

스마트스토어 상위 노출을 제대로 이해하기 위해서는 먼저 네이버에서 제공하는 공식 가이드를 충분히 숙지하고 있어야 한다. 하지만 많은 판매자들은 네이버가 상위 노출 가이드를 공식적으로 공개하고 있다는 사실조차 모르고 있는 경우가 많다. 사실 이 가이드 내용을 어느 정도만 파악하고 있어도 상위 노출을 비교적 쉽게 달성할 수 있는 가능성이 높아진다.

가이드는 네이버쇼핑 입점 및 광고 홈페이지의 '자주 묻는 질문 FAQ'의 '상품 검색 SEO 가이드'에서 확인할 수 있다. 여기서 SEO는 검색 엔진 최적화Search Engine Optimization를 의미한다. 스마트스토어 판매자라면 이 가이드를 반드시 3회 이상 정독하고 가능하면 암기해야 한다고 생각한다.

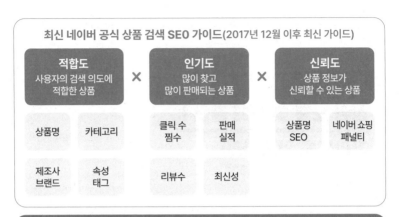

[그림 4-2] 쇼핑 검색 랭킹 구성 요소(출처: 네이버 스마트스토어 판매자 센터)

적합도: 사용자의 검색 의도에 적합한 상품

적합도는 이용자가 입력한 검색어가 상품명, 카테고리, 제조 사· 브랜드, 속성·태그 등 상품 정보의 어떤 필드와 연관도가 높 은지, 검색어와 관련하여 어떤 카테고리의 선호도가 높은지를 산 출하여 적합도에 반영된다고 한다.

필드 연관도란 상품 정보를 정확하게 입력할수록 검색될 확률

네이버 공식 상품 검색 SEO 가이드: 검색어에 따라 2가지 점수가 달라집니다.

| 필드 연관도 | 카테고리 선호도 |

[그림 4-3] 상품 정보와 검색어의 연관성을 분석해 적합도에 반영
(출처: 네이버 스마트스토어 판매자 센터)

무조건 성공하는 온라인 유통&마케팅

이 높아진다는 의미다. 스마트스토어에 상품을 등록할 때는 상품
명뿐만 아니라 제조사, 브랜드, 카테고리, 속성, 태그 등 다양한 정
보를 함께 입력해야 한다. 이때 제조사와 브랜드 등의 정보를 정확
하게 입력하는 것이 중요하다. 하나의 팁을 주자면, 상품명은 핵심
키워드만 간결하게 포함하고, 특수문자나 '무료 배송', '사은품 증정'
같은 문구는 넣지 말아야 한다. 11번가, G마켓 등 다른 오픈마켓
에서 판매하는 것에 익숙한 판매자들이 자주 하는 실수이므로 주
의가 필요하다.

카테고리 선호도는 특정 키워드를 검색할 때 해당 키워드에 맞
는 카테고리를 선택하면 검색에 유리하다는 뜻이다. 예를 들어,
'수유등'이라는 키워드를 네이버쇼핑에서 검색해 보면 '출산·육아'

[그림 4-4] 네이버쇼핑에 '수유등'을 검색한 결과

가 아닌 '가구·인테리어 > 인테리어 소품 > 조명 > 인테리어 조명' 카테고리가 더 적합하다.

수유등을 팔고 있는데 '출산·육아' 카테고리를 지정해 두었다면 백날 팔아봐야 노출이 되지 않을 것이다. 따라서 카테고리를 알아보는 작업은 상품 등록 전 반드시 선행되어야 하는 기본적이고 중요한 작업이다.

인기도: 클릭 수·찜 수, 판매 실적, 리뷰 수, 최신성

인기도는 잘 팔린 상품을 상위 노출시켜 준다는 의미이다. 물론, 최신성 로직도 적용되어 신규 등록된 상품들에게도 기회를 준다. 하지만 이는 일시적이니 경험이 풍부한 우수 셀러들은 상품을 등록하고 빠른 시간 내 마케팅을 통해 판매 실적과 리뷰 수를 높여 인기도 지수를 높인다.

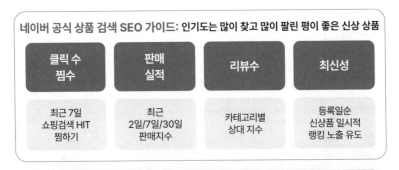

[그림 4-5] 인기도는 많이 찾고 많이 팔린 평이 좋은 신상 상품에게 기회를 준다
(출처: 네이버 스마트스토어 판매자 센터)

신뢰도: 상품명 SEO, 네이버쇼핑 페널티

신뢰도는 상품명이 적절하게 지어졌는지 여부와 네이버쇼핑에서 부여하는 페널티에 대한 내용으로 구성된다. 특히 상품명에 대한 SEO는 매우 구체적으로 명시되어 있기 때문에 이를 잘 반영하는 것이 중요하며, 해당 사항들은 네이버의 가이드를 통해 자세히 확인할 수 있다.

[그림 4-6] 신뢰도는 상품명 적절성 및 네이버쇼핑 페널티와 관련된다
(출처: 네이버 스마트스토어 판매자 센터)

상품명 SEO를 요약해 보자면 짧고 깔끔하게 상품명을 지으라는 것이다. 여러 상품을 등록하고 판매를 해보았을 때 가장 좋은 상품명은 '핵심 키워드 + 상품 특징 한두 개 정도(재질, 사이즈, 색깔 등)'이다.

예를 들어 '남자 겨울 코트'를 검색해 보면 상위 노출된 상품들이 모두 간결한 상품명을 사용하고 있는 것을 확인할 수 있다. 긴 상품명은 다양한 키워드에 걸릴 수 있지만, 그만큼 노출될 가능성

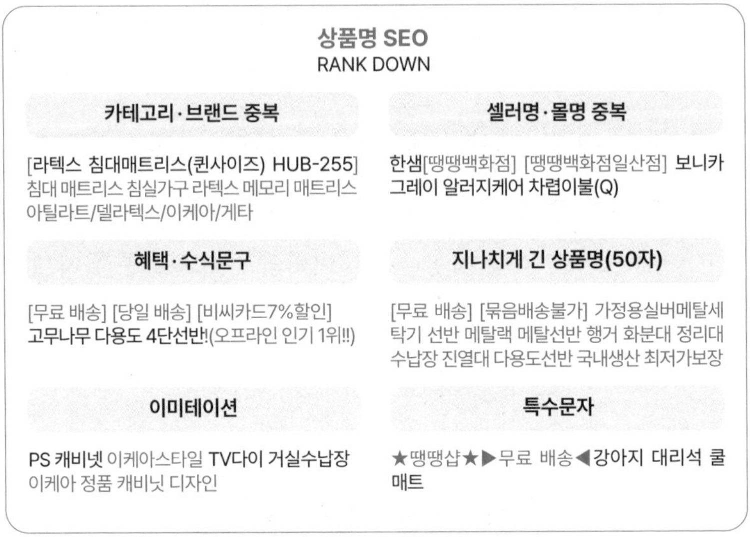

상품명 SEO
RANK DOWN

카테고리·브랜드 중복

[라텍스 침대매트리스(퀸사이즈) HUB-255]
침대 매트리스 침실가구 라텍스 메모리 매트리스
아틸라트/델라텍스/이케아/게타

셀러명·몰명 중복

한샘[땡땡백화점] [땡땡백화점일산점] 보니카
그레이 알러지케어 차렵이불(Q)

혜택·수식문구

[무료 배송] [당일 배송] [비씨카드7%할인]
고무나무 다용도 4단선반(오프라인 인기 1위!!)

지나치게 긴 상품명(50자)

[무료 배송] [묶음배송불가] 가정용실버메탈세
탁기 선반 메탈랙 메탈선반 행거 화분대 정리대
수납장 진열대 다용도선반 국내생산 최저가보장

이미테이션

PS 캐비넷 이케아스타일 TV다이 거실수납장
이케아 정품 캐비닛 디자인

특수문자

★땡땡샵★▶무료 배송◀강아지 대리석 쿨
매트

[그림 4-7] 상품명 SEO는 핵심 키워드와 특징을 간결하게 구성하는 것이다
(출처: 네이버 스마트스토어 판매자 센터)

은 줄어들기 때문에 짧은 상품명이 상위 노출에 더 효과적이다.

네이버쇼핑 페널티는 배송 지연이나 어뷰징이 발생할 경우 순위가 하락하는 것을 의미한다. 최근 네이버는 배송에 매우 민감해졌으며, 쿠팡의 로켓 배송 등 빠른 배송을 의식해 판매자들에게도 신속한 배송을 장려하고 있다. '도착 보장' 서비스를 통해 배송 지연이 발생하면 상품 노출 순위가 크게 떨어지므로 판매자들은 배송 관리에 각별히 주의해야 한다.

또한, 네이버는 어뷰징을 엄격히 규제하고 있다. 어뷰징은 불법 프로그램 사용, 타인의 계정 도용, 다중 계정 활용 등 부당한

무조건 성공하는 온라인 유통&마케팅

프리미엄 코트
비시크 디랜즈 가을 겨울 캐시미어 울 코트
광고ⓘ **369,000원** 🚚무료
패션의류 > 남성의류 > 코트
주요소재 : 폴리에스테르, 울/모, 레이온/인견, 캐시미어 | 총기장 : 롱 | 칼라종류 : 칼라넥
| 종류 : 캐시미어코트, 울코트 | 핏 : 기본핏 | 패턴 : 무지 | 사용대상 : 남성용
★ 4.75 4 · 찜 20 · 등록일 2023.10. · 🔒 신고하기

신규회원 20%쿠폰+무료배송 쿠폰
커버낫 울 더블 코트 네이비
광고ⓘ **184,240원** 🚚무료
패션의류 > 남성의류 > 코트
EQL 첫 구매 20%쿠폰 + 무료배송
등록일 2023.10. · 🔒 신고하기

빈폴 아울렛 역시즌 패딩 고어텍스 코트 남자 구스 다운 겨울 클래식 출근 블랙 점퍼 H-93OO535
258,000원 🚚3,500원
패션의류 > 남성의류 > 코트
주요소재 : 폴리에스테르, 나일론, 기타 | 총기장 : 롱 | 칼라종류 : 칼라넥 | 종류 : 패딩코트, 기타
| 핏 : 기본핏 | 패턴 : 기타
★ 4.69 (71) · 구매 12 · 찜 593 · 등록일 2023.07. · 🔒 신고하기   💬 톡톡

[그림 4-8] 네이버쇼핑에 '남자 겨울 코트'를 검색한 결과

방식으로 이익을 얻는 행위를 말한다. 네이버는 블로그와 카페에서 축적한 어뷰징 감지 데이터를 스마트스토어에도 적용하고 있다. 어뷰징이 적발되면 판매 정지, 페널티 부여, 심지어 퇴점 조치까지 받을 수 있다.

스마트스토어 어뷰징은 크게 세 가지 유형으로 나뉜다. 첫째, '상품찜' 어뷰징으로, '상품찜'과 '알림받기'를 부당하게 조작하는 것이다. 둘째, 가구매 후 상품 후기를 작성하는 어뷰징 방식이다. 네이버의 인공지능이 점점 더 정교해지면서 이러한 행위가 쉽게

적발되고 있다. 셋째, 허위 트래픽 투입이다. 클릭 수를 인위적으로 높여 상위 노출을 노리는 방식으로, 불법 대행사들이 성행하지만 적발 시 큰 타격을 입으니 주의해야 한다.

스마트스토어에서 안정적으로 사업을 운영하려면 어뷰징은 반드시 피해야 한다.

상위 노출 및 판매 꿀팁 2: 스마트에디터 3.0을 적극 활용하라!

스마트스토어가 등장하기 전 대부분의 온라인 쇼핑몰들은 포토샵을 이용해서 한 장의 긴 상세페이지를 만들었다. 하지만 스마트스토어는 이런 상세페이지들이 아닌 스마트에디터 3.0을 활용한 상세페이지 제작을 선호한다. 스마트에디터 3.0으로 작성하지 않고 HTML 작성을 하게 되면 상위 노출에서 점수가 깎이게 된다.

스마트에디터 3.0을 활용한다면 포토샵으로 상세페이지를 작업할 필요 없이 상품 이미지만 있으면 텍스트로 나머지를 작성하면 된다. 사진 배치가 어렵다면? 스마트스토어에서 제공하고 있는 여러 개의 템플릿 중에서 골라서 사용하면 굉장히 쉽다.

그렇다면 텍스트는 어떤 내용을 작성해야 할까? 상품명에도 들어가는 키워드를 5~10회 반복하면서 상품에 대한 자연스러운 설명을 하면 된다.

상위 노출 및 판매 꿀팁 3: 황금 키워드를 사용하라!

네이버 스마트스토어에서 매출을 올리는 가장 쉬운 방법은 수요는 많지만 공급이 적은 제품을 찾아 판매하는 것이다. 이러한 황금 아이템이나 키워드를 사용하면 경쟁이 적기 때문에 상위 노출도 용이하고, 가격 방어도 잘 되어 더 많은 소비자에게 좋은 제품을 판매할 수 있다. 원리는 매우 간단하다. 이를 적용하기 위해서는 두 가지를 정의해야 한다. 바로 수요와 공급이다.

먼저, 네이버에서의 '수요'는 무엇일까? 사전적으로 수요는 '어떤 재화나 용역을 일정한 가격으로 사려는 욕구'를 의미한다. 네이버에서는 '월간 검색 수'가 이를 대변하는 지표다. 소비자가 특정 키워드를 검색한다는 것은 그 키워드에 대한 수요가 있다는 뜻이다.

그렇다면 '공급'은 무엇일까? 공급은 '경제 주체가 상품을 판매하고자 하는 의도'를 의미한다. 네이버에서 상품을 판매하는 공급자는 네이버쇼핑에 입점한 쇼핑몰들이다. 많은 판매자가 특정 키워드에 해당하는 제품을 판매하고 있다면, 그 제품은 공급이 많은 것이다. 이런 경우에는 신규 판매자가 상위 노출되기 어렵다. 결국, 공급이 적은 제품을 찾는 것이 판매자에게 유리하다. 이를 정리하면 다음과 같다.

수요 = 키워드의 '월간 검색 수'

공급 = 네이버쇼핑에 키워드 검색 시 '전체 상품 수'

황금 키워드 / 아이템 = 수요 > 공급 인 키워드 / 아이템 = '월간 검색 수' > '전체 상품 수'인 키워드 / 아이템

따라서 '월간 검색 수 / 전체 상품 수' > 1 인 상품이 바로 황금 키워드 / 황금 아이템인 것이다.

예를 들어, 아래 키워드를 확인해보면

EX) 국민수유등

2024년 7월 기준 월간 검색 수: PC 1600 + Mobile 6110 = Total 7710

2024년 7월 기준 네이버쇼핑 전체 상품 수: 747건

월간 검색 수 / 전체 상품 수 = 10.32 ‥‥‥ (1 이상)

위 데이터는 2024년 7월 기준이며, 월간 검색 수는 계절과 인기도에 따라 매일 변할 수 있고, 전체 상품 수는 증가할 가능성이 높기 때문에 데이터를 확인하는 시점에서는 차이가 있을 수 있다. 등

무조건 성공하는 온라인 유통&마케팅

록된 상품 수는 적지만 검색량이 많고, 리뷰 수도 많은 것을 보면 이 제품이 잘 팔리는 것을 알 수 있다. 이런 것이 바로 '황금 키워드' 혹은 '황금 아이템'이다. 광고 구좌 2 + 최상위 노출 구좌 6에 들지 않아도 1페이지에만 노출되면 충분히 수익을 낼 수 있는 키워드다.

이제 황금 아이템과 키워드의 중요성은 이해했을 것이다. 왜 이런 키워드가 필요한가? 바로 경쟁을 피하기 위해서다. 점점 더 많은 판매자가 스마트스토어에 진입하면서 경쟁이 치열해지고 가격은 하락하며, 판매 환경은 더욱 어려워지고 있다. 이런 상황에서 황금 키워드와 아이템을 미리 찾아내어 판매지수와 매출을 동시에 높여야 한다. 판매자들이 많아지고 있는 지금, 황금 키워드를 활용하지 않으면 경쟁에서 밀릴 수밖에 없다. 쉽게 황금 키워드를 찾을 수 있는 온라인 서비스도 있으니 참고하면 큰 도움이 될 것이다.

상위 노출 및 판매 꿀팁 4: 무료 프로모션 원쁠딜을 활용하라

네이버쇼핑에서 높은 판매량을 올리는 데 매우 중요한 프로모션이 있다. 바로 네이버가 적극적으로 밀고 있는 '원쁠딜'이다. 2022년에 출시된 이 프로모션은 기존 럭키투데이 프로모션을 대체했으며, 노출 지면이 많고 실제 트래픽도 높아서 조건이 맞는다면 반드시 참여해야 한다. 무엇보다 무료로 진행할 수 있는 프로모션인데, 노출량은 엄청나니 참여하지 않을 이유가 없다. 하루에 50개의 상품만 선정되기 때문에 경쟁이 치열하지만, 선정되면 폭발적인 매출을 기대할 수 있다. 초기에는 1+1 상품만 진행되었으나, 현재는 증정 행사와 포인트 적립 행사도 포함되어 있다. 하루에 소수의 인기 상품들만 진행되며, 네이버에서 엄청난 노출을 지원해 준다.

하지만 경쟁이 치열하고, 무료 배송, 1+1, 추가 증정 같은 파격적인 조건을 맞춰야 하므로 마진이 충분히 확보된 상품만 참여할 수 있다. 원쁠딜 신청은 스마트스토어 판매자센터의 '프로모션 관리' > '원쁠딜' 메뉴에서 가능하며, 관련 세부 내용도 이곳에서 확인할 수 있다.

CHAPTER 03

제휴 마케팅:
선진국형 원-원 마케팅을
활용하라

●●● 제휴 마케팅이라는 것을 들어보았는가? 제휴 마케팅은 서구에서 유행하는 첨단 마케팅 판매 기법인데 아직 우리나라에서는 대중적으로 널리 알려져 있지는 않다. 쿠팡에서 2018년에 론칭한 '쿠팡파트너스'라는 서비스가 CPS Cost Per Sales (광고를 통한 구매가 이루어졌을 때 수익 배분 방식) 제휴 마케팅의 일종이다. 쿠팡파트너스라는 서비스를 통해 쿠팡에 등록된 특정 상품의 판매가 이루어졌을 때 일정 수수료를 쿠팡파트너스에서 판매자인 마케터(어필리에이터)에게 지불하게 되는 방식이다.

우리가 블로그나 카페 글들을 보다 보면 다음과 같은 글들을 보게 된다.

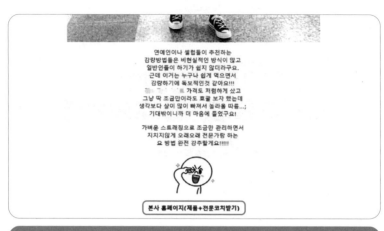

연예인이나 셀럽들이 추천하는
감량방법들은 비현실적인 방식이 많고
일반인들이 하기가 쉽지 않더라구요.
근데 이거는 누구나 쉽게 먹으면서
감량하기에 독보적인것 같아요!!!
□ □ □ □ 가격도 저렴하게 샀고
그냥 딱 조금만이라도 효과 보자 했는데
생각보다 살이 많이 빠져서 놀라울 따름...;
기대밖이니까 더 마음에 들었구요!

가벼운 스트레칭으로 조금만 관리하면서
지치지않게 오래오래 전문가랑 하는
요 방법 완전 강추할게요!!!!!

본사 홈페이지(제품+전문코치받기)

[그림 4-9] 고객 반응 당 수입 배분 방식 제휴 마케팅 1

다음의 예시는 다이어트 상품에 대한 카페의 게시글인데 상품
에 대한 상세한 설명과 본인이 해당 상품을 이용해서 효과도 보고
어쩌고저쩌고 설명을 하다가 마지막에는 추천한다는 문구와 함께
링크['본사 홈페이지(제품+전문코치받기)']가 나오고 이 링크를 클릭
하면 아래와 같은 화면이 나온다.

[그림 4-10] 고객 반응 당 수입 배분 방식 제휴 마케팅 2

이 상담 신청 페이지에 본인의 정보를 입력하고 제출하면 해당 다이어트 상품을 판매하는 업체에서 전화가 걸려 온다. 이것은 CPA Cost Per Action(고객 반응 당 수입 배분 방식) 제휴 마케팅의 방식이다. 고객 반응이란 회원가입, 무료 상담 신청, 소프트웨어 다운로드, 설문 참여, 이벤트 응모 등이 있는데 이런 반응이 이루어졌을 때 일정액의 수수료를 마케터(어필리에이터)에게 지불한다.

CPS 광고의 예시도 한번 보기로 하자. 네이버 블로그에 아래와 같은 마스크팩에 대한 상품 홍보 글이 있고 게시글 중간에 있는

[그림 4-11] 표기한 링크를 클릭하게 되면 두 번째 이미지 사진 속 홈페이지로 연결된다

'구매하기'의 링크가 있다. 블로그에 들어온 사람이 구매하기 링크를 클릭하게 되면 해당 상품을 판매하는 쇼핑몰로 이동하게 된다. 그리고 이 쇼핑몰에서 해당 상품을 구매·결제하게 되면 해당 블로그의 운영자는 일정 금액의 수수료를 상품 공급업체로부터 받게 된다.

CPS, CPA 같은 광고 방식은 보통 제휴 마케팅이라 불린다. 제휴 마케팅은 머천트(광고주), 어필리에이터(마케터), 그리고 제휴 중개사로 구성된다. 머천트는 상품이나 서비스를 공급하는 업체, 어필리에이터는 그 상품이나 서비스를 광고해 판매하는 마케터, 제휴 중개사는 이 둘을 연결하는 플랫폼을 운영하는 업체를 의미한다. 온라인에서 흔히 볼 수 있는 '노트북 하나로 월 천만 원 벌기', '하루 2시간 투자로 월 2백 벌기' 같은 문구가 주로 제휴 마케팅을 언급할 때 자주 사용된다.

이 책에서는 어필리에이터가 아니라 머천트(광고주)로서 제휴 마케팅을 활용하는 방법을 다룬다. 어필리에이터로 고수익을 내는 것은 상위 0.1%에 해당할 정도로 경쟁이 치열해졌으며, 초기와 달리 지금은 카페나 블로그에 올린 게시물들이 광고로 인식돼 수익을 올리기 더욱 어려워졌다.

그러나 머천트 입장에서 제휴 마케팅은 여전히 유효한 방법이다. 적합한 상품을 보유하고 있다면, 제휴 마케팅은 매출과 수익을 크게 증대시킬 수 있는 유통 전략이 된다. 실제로 제휴 마케팅

만으로 영업을 전개하는 업체들이 있으며, 이들의 매출은 일반 업체들보다 훨씬 높다. 당신의 상품이 제휴 마케팅에 적합하다고 판단되면, 다른 유통 채널보다 제휴 마케팅을 검토해 보는 것이 좋다. 물론 효율이 나지 않는 상품들도 많아, 까다로운 제휴 중개사의 승인을 통과해야 하는 경우도 있다.

광고주(상품 공급업체) 입장에서 제휴 마케팅의 장점

① 광고비에 대한 부담이 적다

타 광고와 달리 실적이 발생된 경우에만 광고 비용을 지불하기 때문에 광고 효율에 대해 걱정할 필요가 없다.

② 상품을 온라인상에 브랜딩하기에 좋다

상품이 판매가 되던 안 되던 수많은 어필리에이터(마케터)들이 광고주가 공급한 상품설명서, 상세페이지, 상품 이미지들을 가지고 다양한 온라인 공간(커뮤니티, SNS 등)에 홍보를 하기 때문에 적은 비용으로 내 상품을 홍보하기에 좋다. 특히 가격이 무너지지 않는다는 점이 큰 장점이다.

③ 긍정적인 후기들이 온라인상에 생겨난다.

상품을 광고해 주는 어필리에이터(마케터)들은 CPA, CPS 실적이 있어야 수수료를 얻을 수 있기 때문에 내 상품에 우호적인 콘텐츠들을 생산해 내고 온라인상에 퍼트린다. 제휴 중개사별로 마케터들의 등급을 매겨서 제휴 상품을 주고 있는데 등급이 높은 마케터들을 할당받는 것이 좋다. 물론 등급이 높은 마케터들을 할당받으려면 제휴 중개사와 협상을 잘해야 한다.

광고주(상품 공급업체) 입장에서 제휴 마케팅의 단점

① CPA 광고는 마케터가 고객 DB를 조작할 가능성이 있다

수수료를 받기 위해 마케터가 지인에게 클릭을 유도하거나 다수의 아이디로 고객 DB를 만들어 낼 수 있다. 우수한 제휴 중개사에는 이런 불량 DB들에 대해 검수하고 감안하는 시스템이 있긴 하나 100% 완벽하게 거르는 것은 상대적으로 힘들다.

② 상품의 브랜드가 하락할 우려가 존재한다

일부 마케터들이 실적을 낼 목적으로 과대, 과장된 콘텐츠들을 생산하여 수많은 커뮤니티, SNS에 뿌리는 경우 상품에 대한 신뢰가 도리어 떨어질 수도 있다.

③ 일반적으로 낮은 광고 효과

제휴 마케팅이 활성화되지 않는 이유 중에 하나는 제휴 마케팅에 적합한 상품이 한정되어 있다는 것이다. 광고 효과가 낮다고 여겨지는 이유 중에 하나가 제휴 마케팅에 적합하지 않은 상품을 광고하기 때문이다. 제휴 마케팅에 적합한 상품을 선정하는 것이 중요하다.

CPS 광고에 적합한 상품

기본적으로 객단가가 높고 SNS(페이스북, 인스타그램 등)에서 판매가 잘 되는 상품이다. 또한 제휴 중개사에 지불해야 하는 CPS 상품의 기본 수수료가 30~40%는 되기 때문에 충분한 마진 구조가 나오는 상품이어야 한다. 다이어트 관련 상품, 마약 베게, 쿨러 마사지기 같은 상품들이 많은 인기를 끌었는데 주로 카페나 블로그 같은 커뮤니티보다는 SNS에서 판매가 많이 일어났다.

CPA 광고에 적합한 상품

CPA 광고는 고가의 상품이나 상세한 설명과 설득이 필요한 제품에 적합하다. 예를 들어, 방문 판매로 이루어지는 건강기능식품, 다이어트 제품, 유아 교육기구 등이 좋은 성과를 보였다.

CPA 광고는 주로 개인 정보를 입력하는 방식으로 진행되기 때문에 SNS보다는 카페나 블로그 같은 커뮤니티에서 많이 활용된다. CPA 광고를 진행하는 업체들은 확보한 고객 데이터베이스DB를 통해 상담을 진행해야 하므로 전담 콜센터 조직을 갖추고 있는 경우가 많다. 주요 제휴 중개사 리스트는 다음과 같다.

○ Link Price, 10Pin, 디비디비딥, 리더스CPA

CPA 광고는 대부분의 제휴 중개사가 제공하지만, CPS 광고는 일부 제휴 중개사만 서비스하고 있다. 어필리에이터들은 수익을 내기 쉽고 건당 수익 금액이 높은 CPA 광고에 많이 참여하는 경향이 있다. 예를 들어, 텐핑은 특정 상품에 대한 CPS 광고뿐만 아니라 개별 쇼핑몰의 모든 상품에 대해 CPS 광고 서비스를 운영하고 있다. 제휴 중개 업체마다 광고 상품, 조건, 비용이 다르므로 제휴 마케팅을 고려하고 있다면 각 업체의 상담 코너를 적극 활용하는 것이 좋다. 상담을 통해 내 상품이 제휴 마케팅에 적합한지 빠르게 파악할 수 있다.

하지만 제휴 중개 업체를 선택할 때 이름이 잘 알려지지 않은 영세 업체는 조건이 유리하더라도 신중히 선택하는 것이 좋다. 제휴 마케팅에서는 특히 중개 업체의 역량이 중요한데, 일부 비양심적인 영세업체들은 수치를 조작하거나 관리를 소홀히 할 가능성이 있기 때문이다. CPA와 CPS를 통한 제휴 마케팅은 신뢰할 수 있는 중개업체와 함께하는 것이 필수적이다.

온라인 유통 마케팅
핵심 실전 노하우 2

CHAPTER 01

어뷰징 완전 정복:
숨겨진 꿀팁? 금단의 열매?

●●●　　　　사람들은 어뷰징에 관심이 많다. 뭔가 적은 노력으로 꿀팁을 얻는 방법인 거 같고 숨겨진 노하우라고 생각하기 때문이다. 하지만 어뷰징은 엄연히 불법이기 때문에 필자는 절대 하지 말기를 강력하게 권고한다. 가장 흔한 네이버 상위 노출·검색 어뷰징의 경우 만약 적발되면 네이버로부터 '업무 방해' 혐의로 기소되어 전과자가 될 수도 있다는 점 명심하길 바란다.

'매크로' 돌려 네이버 연관검색어 조작…징역 8월 실형

한순간의 욕심으로 인해 평생의 멍에가 될 전과자가 될 수는 없지 않은가? 물론 어뷰징을 하면서도 적발이 되지 않는 사람들이 대부분이기 때문

에 아직도 수많은 사람들이 어뷰징을 하고 있지만 일단 한번 문제가 되면 그 여파는 엄청나다. 어뷰징은 사실 주변에서 신고로 적발되는 경우가 99%이다. 나의 경쟁사 또는 나와 관계가 안 좋은 지인, 안 좋게 회사를 그만둔 전 직원 등 모든 사람이 나의 어뷰징 행위를 신고할 수 있다. 먼저 어뷰징의 사전적 정의를 보면 다음과 같다.

○ 어뷰징ABUSING

오용, 남용, 폐해 등의 뜻을 가진다. 인터넷 포털 사이트에서 언론사가 의도적으로 검색을 통한 클릭 수를 늘리기 위해 동일한 제목의 기사를 지속적으로 전송하거나 인기 검색어를 올리기 위해 동일한 제목의 기사를 지속적으로 전송하거나 인기 검색어를 올리기 위해 클릭 수를 조작하는 것 등이 이에 해당된다. 한편, 어뷰징은 게임 용어로도 사용되는데, 게임에서의 어뷰징은 게임의 시스템을 이용해 불법적인 이익을 취하는 행위를 뜻한다. 즉 게임에서 허용하지 않는 방법 또는 게임시스템의 허점을 이용해 대결 결과를 조작하고, 이를 통해 게임 내 지위 상승 등 부당한 이득을 누리는 것을 가리킨다.

이상이 어뷰징의 사전적 정의인데 일반적으로 온라인 마케팅에서는 한마디로 '조작하는 행위', '부정 클릭'이라고도 한다. 이러한 어뷰징으로 단기적인 이익을 보는 사람도 있지만 반대로 타인의 어뷰징으로 인해 손실을 보는 사람도 있기 때문에 이번 장에서는 온라인 유통 마케팅에서 자주 일어나는 어뷰징들에 대해 알아보고자 한다. 실제로 내가 어뷰징을 하지는 않더라도 어뷰징이 어떤 것인지는 알고 있어야 이런 수법으로 인한 피해를 최소화할 수 있다. 모르면 당한다고 하지 않는가?

그럼 온라인 유통 마케팅에서 대표적인 어뷰징 사례들에 대해 하나하나 알아보자.

가구매(가구매 후 후기 작성 어뷰징)

오픈마켓, 소셜커머스, 스마트스토어 등 대부분의 대형 쇼핑몰은 상품을 상위에 노출시키기 위한 나름의 로직을 가지고 있으며, 그중 가장 중요한 요소는 구매 수량과 구매평이다. 이를 악용해, 자신이 등록한 상품을 상위에 올리기 위해 여러 계정을 사용해 본인 상품을 직접 구매하는 방식을 '가구매'라고 한다. 가구매가 적발되면 해당 판매자의 계정이 정지되거나, 상품이 노출 순위에서 크게 밀리게 된다. 대형 쇼핑몰은 IT 기술을 활용해 가구매를 방지하고 있으며, 경쟁사 신고로도 적발될 수 있다.

예를 들어, 동일한 IP(인터넷 연결 시 부여되는 12자리 숫자)에서 여러 쇼핑몰 아이디로 구매를 하거나, 다른 IP를 사용했지만 동일한 신용카드로 결제하는 경우 가구매로 의심받을 수 있다. 일부 판매자들은 이를 피하려 다양한 IP와 신용카드를 이용해 구매 후 실제 발송을 하지 않는 '무발송 처리' 방식을 사용하기도 한다. 과거에는 여러 휴대전화와 노트북으로 IP를 변경하면서 다양한 신용카드로 결제하고 여러 지역으로 발송하는 방법도 유행했다.

하지만 이러한 방법도 완벽하지 않다. 가구매 방식으로 구매 수량을 올리고 호의적인 구매평을 남겨 상위 노출을 노리는 것은 결국 리스크가 크다. 쇼핑몰 측에서 신고를 받거나 의심을 가지면 가구매는 쉽게 적발될 수 있다.

트래픽 상위 노출 어뷰징

쇼핑몰에서 상위 노출을 결정짓는 세 가지 핵심 요소는 구매량, 구매 후기, 그리고 클릭 수이다. 대부분의 쇼핑몰이 이 세 가지 요소의 점수에 따라 상품을 상위에 노출시킨다. 이를 악용해 클릭 수를 인위적으로 높여 상위 노출을 유도하는 방식이 트래픽 어뷰징이다. 보통 IT 장치를 이용한 트래픽 상위 노출 방식인 슬롯이 사용된다. 슬롯은 실제 사람이 아닌 프로그램(매크로)이 클릭하는 방식으로, 다양한 방법으로 IP를 변경하면서 네이버나 쿠팡의 감시를 피해 트래픽을 조작한다.

트래픽 작업 광고메일이나 문자를 받아본 사람이라면 익숙할 텐데, 이런 방식은 판매량과 후기가 없는 신상품도 단시간에 상위 노출시킬 수 있어 매출을 빠르게 올리고자 하는 판매자들에게 유혹적이다. 그러나 지금 문제가 없다고 해도 쿠팡이나 네이버에서 한 번에 적발되면 계정 정지 같은 엄청난 페널티를 받을 수 있다. 트래픽 어뷰징에 의존하면 정상적인 온라인 판매 실력을 키울 수 없고, 결국 꼼수에만 의존하게 된다. 어뷰징은 절대 피해야 할 방법이다.

자동완성 조작

자동완성 기능이란 포털이나 쇼핑몰에서 사용자가 검색어를 입력할 때, 입력한 몇 글자만으로 예측하여 단어를 자동으로 완성시켜 주는 기능을 말한다. 이 기능은 연관 검색어와 비슷한 역할을 하며, 사용자가 원하는 검색어를 더 쉽게 찾도록 돕는다. 검색어와 일치하는 부분에 색을 강조해 표시하며, 사용자가 일부만 입력해도 관련된 다양한 자동완성어를 추천해 준다. 자동완성으로 추천되는 검색어는 보통 특정 검색어와 관련성이 높고, 많은 사람들이 검색한 단어들이다.

만약 매크로 프로그램을 사용해 자동완성에 내가 원하는 검색어가 노출되도록 할 수 있다면, 그리고 검색자가 이를 클릭하게 할 수 있다면, 이를 통해 트래픽과 매출을 올릴 수 있을 것이다. 하지만 이는 인위적으로 자동완성 결과를 조작하는 어뷰징 방식이다. 자동완성 조작은 비교적 적은 비용(월 10만 원 내외)으로 가능해 은밀하게 많이 사용되고 있는 어뷰징 기법 중 하나다.

블로그 상위 노출 어뷰징

온라인 유통에서 블로그 마케팅은 여전히 활발하게 이루어지고 있다. 비록 예전만큼은 아니지만, 블로그 운영만 잘해도 한 달에 수천만 원의 수익을 올리는 것은 충분히 가능하다. 블로그를 통한 판매 방식은, 내가 판매하는 상품과 관련된 키워드를 미리 작업해 상위 노출시킨 후, 해당 키워드를 검색한 사용자가 블로그에 방문해 게시글 속 결제 링크나 쇼핑몰 링크를 통해 구매하게 하는 것이다. 물론 내 블로그가 상위에 노출돼야 방문자가 많아지므로, 블로그 상위 노출을 위해 많은 노력을 기울이게 된다.

정상적인 운영으로 상위 노출을 이루는 것이 원칙이지만, 일부는 어뷰징을 통해 손쉽게 상위 노출을 시도하기도 한다. 특히, 객단가가 높고 구매 전환율이 높은 뷰티, 건강, 다이어트, 의료, 대출 등 키워드 영역은 블로그 상위 노출 어뷰징이 치열한 전쟁터가 되었다. 네이버는 이를 막기 위해 매년 로직을 변경하고 있지만, 마케팅 대행사들의 기술 역시 매년 진화해 창과 방패의 싸움이 계속되고 있다.

블로그 상위 노출에 영향을 미치는 요소로는 방문자 수, 댓글수, 이웃 수, 스크랩 수 등이 있으며, 이를 자동으로 관리해 주는 매크로 프로그램도 존재한다. 이런 프로그램들은 구글이나 프리랜서 사이트에서 찾아볼 수 있는데, 네이버의 제재를 피하기 위해 'N사'라는 표현을 사용하기도 한다.

또한, 상위 노출된 블로그를 끌어내리는 어뷰징 방법도 있다. 이를 '유사 문서 공격'이라 하는데, 이 방법을 사용하면 기존에 상위 노출되었던 블로그가 유사 문서로 분류돼 검색 결과에서 사라지게 된다. 이는 악의적인 어뷰징으로, 피해자가 증거를 가지고 포털에 신고하면 처벌을 받을 수 있다.

블로그 유사 문서 공격

원본 블로그 A의 내용을 전체 또는 일부를 복사해서 원본 블로그 A보다 앞서 작성된 블로그 B에 붙여 넣어 수정하는 방법으로 블로그 B가 원본으로 인식하게 하고 원본 블로그 A를 유사 문서로 분류하게 하는 방법이다. 동일·유사한 게시글이 여러 개 올라올 경우 나중에 생성된 게시글은 '유사 문서 포함' 옵션 선택 시에만 검색에 노출되는 점을 악용하여 검색 품질을 저해시킨다.

SNS(페이스북, 인스타그램 등) 회원 수 늘리기

페이스북이나 인스타그램에서는 친구 수를 늘리는 것이 매우 중요하다. 누군가의 계정을 우연히 보게 되었을 때, 친구 수가 세 명뿐이라면 친구 추가를 하지 않을 확률이 높기 때문이다. 그래서 기본적으로 일정 수준의 회원 수가 있어야 SNS 계정을 키우기 수월하다. 이러한 이유로, 회원 수를 늘리는 어뷰징 프로그램이 존재한다. 이런 프로그램을 사용하면 '좋아요'나 '팔로워' 숫자는 증가하지만, 실제로 비즈니스에 도움이 되는 사람들이 늘어나는지는 장담할 수 없다. 대부분 외국인 계정이나 허위 마케팅용 계정들이 많아, 진성 고객을 찾는 확률은 낮다.

이런 프로그램들은 구글, 프리랜서 사이트, 유튜브 등에서 쉽게 찾을 수 있으며, 프로그램을 작동시키면 '좋아요' 누르기, '댓글 달기', '팔로우' 등 작업을 자동으로 수행한다. 이때 페이스북이나 인스타그램의 제재를 피하기 위해 사람처럼 보이도록 조절된다. 최근엔 이러한 프로그램을 사용하는 사람들이 너무 많아, 프로그램을 쓰면 비슷한 방식으로 운영되는 계정들만 주로 늘어난다. 인스타그램에서 어색한 댓글을 보게 된다면, 이는 프로그램을 사용한 흔적일 가능성이 크다.

이런 회원 수 늘리기 프로그램은 월 단위 결제로 운영되며, SNS 본사들이 어뷰징을 막기 위해 로직을 계속 바꾸기 때문에 프

무조건 성공하는 온라인 유통&마케팅

로그램도 지속적으로 업데이트가 필요하다. 일부 비양심적인 업자들은 고액을 받고 프로그램을 판매한 뒤, 로직 변경에 따른 후속 업데이트를 제공하지 않고 사라지는 경우도 있다. 이는 페이스북, 인스타그램뿐만 아니라 다른 대부분의 SNS에서도 비슷한 방식으로 이루어진다.

네이버 카페 운영 관련 어뷰징

네이버 카페는 활성화하기 어렵지만, 일단 사람이 모이면 수익화가 잘 되는 플랫폼으로 알려져 있다. 당연히 네이버 카페와 관련한 다양한 어뷰징 프로그램들도 존재한다. 대표적인 프로그램으로는 댓글 달기, 쪽지 보내기, 초대하기, 게시글 작성하기, 좋아요 달기, 조회수 늘리기, 회원 수 늘리기 등이 있다. 필자도 네이버 유통노하우연구회(유노연) 카페를 운영 중이지만, 이런 프로그램들을 통해 진성 회원이 많은 활성화된 카페로 성장시키는 것은 매우 어렵다고 말하고 싶다. 카페 운영에 대한 지식이 부족한 상태에서 단순히 어뷰징 프로그램만으로 카페를 성장시키려는 시도는 무모하다.

또한 카페를 운영하려면 다수의 아이디가 필요하다. 이를 위해 아이디를 판매하는 업자들이 존재하는데, 아이디 구매는 매우 위험하다. 이 아이디들이 해킹된 계정일 수 있으며, 만약 해킹된 아이디를 구매하면 판매자뿐 아니라 구매자도 처벌을 받을 수 있다. 또한, 구매한 아이디가 네이버에서 저품질로 분류되어 노출이 안 되거나 일정 시간이 지나면 정지될 가능성도 있다.

카페뿐만 아니라 블로그 아이디 추출 프로그램, 스마트스토어 찜 프로그램, 오픈마켓 구매평 프로그램, 블로그 조회수 늘리기 등 수많은 어뷰징 프로그램들이 존재한다. 이런 프로그램들은 구글, 유튜브, 프리랜서 사이트 등에서 쉽게 찾을 수 있다.

어뷰징 프로그램을 써서 단기 성과를 경험한 사람들은 이들에 집착하는 경향이 있지만, 장기적으로는 한순간에 그동안의 노력을 잃을 수 있다는 점을 명심해야 한다. 필자의 지인도 3년간 어뷰징 프로그램을 사용해 키운 블로그가 경쟁사의 신고로 폐쇄되었다. 그간의 모든 노력이 헛수고가 되었으며, 해당 네이버 계정도 정지되었다. 일부 어뷰징은 처벌을 받을 정도로 심각한 경우도 있으니 주의해야 한다. 반면, 어뷰징으로 피해를 봤다면 관련 포털 사이트에 신고해 피해를 최소화하는 것이 중요하다.

CHAPTER 02

온라인 판매 서포터:
온라인 판매 효율 극대화

●●● 　　온라인 유통을 하다 보면 온라인 판매는 필수적인 요소가 된다. 규모가 있는 업체라면 충분한 직원을 고용해 온라인 판매를 진행할 수 있지만, 대부분의 업체는 인건비 부담 때문에 그러기 어렵다.

　온라인 판매는 상품 등록, 수정, 주문 수집, 발주, 고객 CS, 결제, 정산, 포장, 배송 등 해야 할 일이 많다. 판매가 어느 정도 잘 되는 업체라면 하루 종일 단순 작업만 하다 하루가 끝날 수 있다. 그래서 효율적인 업무 진행이 필요하며, 이를 돕는 시스템과 서비스들이 시중에 많이 나와 있다. 일정 비용을 지불하더라도 이런 시스템을 이용하는 것이 장기적인 성장을 위해 유리하다.

쇼핑몰 통합 관리 솔루션

온라인 판매를 하다 보면 여러 유통 채널에서 판매하게 된다. 오픈마켓, 소셜커머스, 종합몰, 복지몰 등 다양한 채널을 관리하는 일은 결코 쉽지 않다. 예를 들어, 각 쇼핑몰 관리자 센터에 매일 정해진 시간에 로그인해 주문을 확인하고, 발주서와 송장을 처리하며, 송장 번호를 업로드하는 작업을 반복하게 된다. 이 외에도 상품 등록, 고객 CS 응대, 재고 관리 등 많은 일들을 매일 해야 하므로 시간과 노력이 많이 든다. 한 쇼핑몰당 30분씩만 관리한다고 해도 16개 쇼핑몰을 운영한다면 하루 8시간이 걸려 거의 하루를 단순 관리에 소비하게 된다.

이런 불편함을 해결해 주는 것이 바로 쇼핑몰 통합 관리 솔루션이다. 시중에는 다양한 쇼핑몰 통합 관리 솔루션이 나와 있으며, 단순한 상품 관리와 주문 관리뿐만 아니라 통계, 재고, 마케팅, 판매 대행 등 여러 기능을 지원하는 솔루션도 있다. 하지만 기능이 많다고 무조건 좋은 것은 아니며, 필요에 맞는 솔루션을 선택하는 것이 중요하다. 예를 들어, 단순 상품 및 주문 관리만 필요한 경우, 복잡하고 가격이 비싼 솔루션은 오히려 불필요할 수 있다.

쇼핑몰 통합 관리 솔루션은 사용법을 익히는 것이 어렵기 때문에 교육 시스템이 잘된 업체를 선택하는 것도 중요하다. 사용법을 제대로 익히면 관리 효율과 매출이 크게 향상될 수 있으며, 솔루션에서 제공하는 마케팅, 영업 지원 기능도 사업 성장에 큰 도움이 된다. 특히 다양한 상품을 취급하고 여러 쇼핑몰에서 판매하는 업체라면 통합 관리 솔루션을 사용하는 것이 필수적이다. 수작업으로 관리하는 것보다 비용을 지불하더라도 이러한 시스템을 활용하는 것이 훨씬 효율적이다.

사방넷

사방넷 홈페이지

사방넷은 필자의 주변에서는 가장 많이 사용되는 통합 쇼핑몰솔루션인데 웹으로 실행하므로 모바일로 PC로 언제 어디서든 접속이 가능하다는 장점이 있다. 연동 가능한 쇼핑몰 사이트가 많아서 상품 관리, 매출 관리, 재고 관리에 강점이 있는데 초기 세팅이 약간 복잡하다는 단점이 있다. 연동 쇼핑몰이 600개 이상, 고객사 7,000개 이상, 교육 프로그램 주 200시간 이상으로 쇼핑몰 통합 관리 솔루션 중에 최상위권에 속하는 솔루션이다.

플레이오토

플레이오토
홈페이지

사방넷과 함께 통합 쇼핑몰 솔루션업계에서 잘 알려진 업체이다. 기능이 잘 정리되어 있어서 처음 사용하는 사람이라도 쉽게 사용법을 익힐 수 있다. 예전에는 컴퓨터 설치 방식이라 불편했는데 플토 2.0이 운영되면서 웹 기반 방식도 운영되고 있다. 초기 비용은 저렴하지만 쇼핑몰과 등록 상품 수가 많아질수록 유지관리 비용이 증가한다는 특징이 있다. 그러나 플레이오토는 쇼핑몰 통합 솔루션뿐만 아니라 다양한 온라인 마케팅 대행 서비스 및 통합 물류 서비스도 운영하고 있다. 플토 글로벌이라는 프로그램을 이용하면 아마존, 라자다, 이베이, 쇼피 등 다양한 해외 쇼핑몰에서도 판매가 가능하다

이셀러스

이셀러스도 플레이오토와 비슷한 시기에 출시한 오래된 솔루션으로 쇼핑몰 통합 솔루션 노하우가 풍부하다. 가격 대비 파워풀한 기능이 장점인데 타 솔루션과는 달리 상품 등록과 주문 관리 기

이셀러스 홈페이지

능이 나누어져 있다. 필요한 기능만 선택해서 이용할 수 있는데 두 기능 다 이용하게 되면 가격은 더 올라가게 된다. 굳이 두 기능 다 이용할 필요가 없는 사용자라면 이셀러스가 좋은 선택이 될 수 있다. 이셀러스는 유료로 오픈마켓 광고 서비스와 SNS 마케팅 지원 서비스도 운영하고 있다. 14일 무료 체험 프로그램도 운영하고 있으며 가격을 중시하는 온라인 판매자들이 많이 사용하고 있다.

무조건 성공하는 온라인 유통&마케팅

샵링커

샵링커는 20년의 노하우를 바탕으로 300여 개 의 쇼핑몰과 상품, 주문 연동 기능을 제공하고 있으며 대기업 가전, 화장품, 생활용품, 식품 등 다양한 분야의 대형 고객사가 샵링커 서비스를 이용하고 있다. 시스템은 전체적으로 사방넷과 비슷한 편이며 샵링커 하나로 상품 등록, 주문 수집, 송장 전송, 재고관리 등의 반복적인 쇼핑몰 업무를 한 번에 편리하게 처리할 수 있다는 점이 강점이다. 또한 유료로 국내·해외 온라인 판매 대행 서비스와 3PL 물류 대행 서비스도 제공하고 있다.

위에 소개한 네 개 업체 이외에도 셀러허브, 샵플링, 이지어드민, 샵마인 등 많은 쇼핑몰 통합 관리 솔루션들이 있는데 후발 업체들은 보통 가격 면에서 강점이 있으나 교육 및 관리적인 측면에서 약점이 있는 경우가 많다. 쇼핑몰 통합 관리 솔루션은 업체별로 기능별로 가격 차이가 크고 월 사용료(월 5~50만 원)를 생각하면 연간 많은 비용이 들어가기 때문에 각 업체별로 꼼꼼히 비교해 보고 나에게 맞는 솔루션을 결정해야 한다.

로그 분석기

쇼핑몰을 운영하면서 그리고 광고를 집행하면서 항상 고민이 되는 문제는 '과연 내가 지금 제대로 효율적으로 운영을 하고 있는가?'이다. 그래서 아래와 같은 의문점이 생기게 된다.

○ 우리 고객들의 특성은 무엇인가?

○ 나의 고객은 어느 경로로 어떤 검색어로 유입되고 있는가?

○ 광고비는 효율적으로 사용되고 있는가?

○ 고객들은 내 쇼핑몰의 어느 페이지를 선호하는가?

○ 앞으로 어느 분야에 집중해야 하는가?

○ 어느 유입 매체가 가성비가 좋은가?

○ 어느 광고에 집중을 해야 하는가?

○ 방문자가 쇼핑몰을 어떻게 이용하고 있는가?

○ 어떤 상품이 언제 많이 판매되고 있는가?

○ 방문자의 나이와 성별은 어떤가?

○ 어떤 검색어가 반응이 좋은가?

○ PC, 모바일 중 어느 경로로 유입이 되고 광고 효율은 어느 쪽이 좋은가?

위의 의문들에 대한 답을 주는 것이 로그 분석기이다. 로그 분석기를 통해 매일매일 분석을 하다 보면 효율적인 쇼핑몰 및 광고 운영이 가능하며 이는 곧 매출 증대로 이어진다. 로그 분석의 사전적 정의는 다음과 같다.

웹 로그 분석

웹사이트 방문객의 데이터를 기반으로 운영과 방문 행태를 분석하는 것을 말한다. 방문객이 웹사이트에 접속하면 웹 서버에는 액세스 로그, 에러 로그, 리퍼럴 로그, 에이전트 로그 등의 파일이 기록된다. 액세스 로그는 누가 어떤 콘텐츠를 읽었는지를, 에러 로그는 오류 발생 여부를, 리퍼럴 로그는 경유지 사이트와 검색 엔진 키워드를, 에이전트 로그는 웹 브라우저, 운영 체계os, 화면 해상도 등의 정보를 제공한다. 실시간 분석을 위해 웹 사이트에 분석 태그를 삽입하는 방법도 있다. 이러한 로그 분석을 통해 방문자 수, 방문 유형, 각 웹페이지별 방문 횟수, 접속 시간과 요일, 계절별 통계 등을 얻을 수 있으며, 이는 웹 운영 및 마케팅에 유용하게 활용된다.

로그 분석기를 통해 방문자의 특성, 잘 팔리는 상품, 매출 추이 등을 파악하면 고객에게 맞는 상품을 진열하고 효과적인 광고를 집행할 수 있다. 온라인 판매를 할 때 광고와 홍보에 많은 비용과 노력이 들어가므로, 로그 분석기를 활용해 비효율적인 활동을 줄이고 효율적인 활동에 집중해야 한다. 일부 업체는 월 수백만 원, 수천만 원의 광고비를 쓰면서도 로그 분석기를 사용하지 않는데,

이는 매우 비효율적이다. 로그 분석기를 사용하면 현재의 광고비를 크게 줄이면서도 매출을 몇 배로 늘릴 기회를 얻을 수 있다는 점을 기억해야 한다.

로그 분석기를 처음 사용할 때는 시간과 노력이 들지만, 이를 제대로 활용하지 않으면 온라인 판매 성장은 기대하기 어렵다. 성공적인 성장을 위해서는 시스템을 갖추고 데이터를 활용해야 한다. 로그 분석기를 사용하려면 페이지뷰, 유입 수, 전환 수, 반송 수, 쿠키, 노출, CPC, CPM 등의 온라인 마케팅 용어를 이해해야 하는데, 이는 Part 5의 5장 '반드시 알아야 할 필수 온라인 유통 마케팅 용어 TOP 50'에서 자세히 다룬다.

로그 분석기 중에는 구글 애널리틱스 같은 무료 도구와, 유료인 에이스카운터 등이 있다. 유료 로그 분석기는 특히 홍보/유통 채널별 광고 유입 분석, 실시간 IP 추적, 부정 클릭 방지에서 강점을 보인다. 처음에는 무료 분석기로 사용법을 익힌 후, 필요에 따라 유료 로그 분석기로 전환하는 것이 좋다. 유료 도구는 기능적으로 뛰어나지만, 월 사용료가 5~20만 원 정도 발생할 수 있다.

구글 애널리틱스

구글 애널리틱스GA, Google Analytics는 2005년 구글이 웹 분석 전문 업체인 Urchin Software를 인수해 만든 웹로그 분석 프로그램으로, 전 세계적으로 가장 널리 사용되고 있다. 네이버 애널리틱스

처럼 무료로 제공되지만, 매우 강력한 기능을 갖추고 있어 유료 로
그 분석기인 에이스카운터와 비교해도 손색이 없다.

구글 애널리틱스의 가장 큰 장점은 월 1,000만 조회수까지 무
료라는 점이다. 대부분의 사업자에게 이 정도면 충분하며, 사용자
인터페이스도 직관적이다. 다양한 목표 설정, 향상된 전자상거래
기능, 이벤트 설정, 세그먼트 기능 등은 국내 유료 솔루션에서도
제공하지 않는 고급 분석 기능이다. 특히 구글 광고Google Ads와 관
련된 데이터 분석에서는 더욱 강력한 기능을 제공한다.

하지만 단점으로는 초보자가 사용하기 어렵다
는 점이 있다. 네이버 애널리틱스와 달리 외국에
서 개발된 프로그램이다 보니 한국 사용자가 접
근하기에 어려움이 있으며, 용어와 개념의 번역도
한계가 있다. 스스로 문제를 해결해야 하는 점도
불편할 수 있다. 이에 대한 무료 교육은 구글에서
제공하고 있으니 참고하면 좋다.

구글 애널리틱스
아카데미
(공식 동영상 강의)

구글에서 제공하는 무료 교육만으로는 한계가
있어서 유료로 구글 애널리틱스를 전문적으로 교
육하는 강의도 시중에 많이 있다.

구글 애널리틱스
고객센터

초보자용 Google 애널리틱스	고급 Google 애널리틱스	Google 애널리틱스 360 시작하기	Google 태그 관리자 기초 과정
계정 만들기, 추적 코드 구현, 기본 보고서 분석, 목표 및 캠페인 추적 설정 등 Google 애널리틱스의 기본 기능을 학습합니다.	데이터 수집, 처리, 구성을 포함한 Google 애널리틱스의 고급 기능과 보다 복잡한 분석 및 마케팅 도구에 대해 학습합니다.	표준 제품에서는 제공되지 않는 강력한 Google 애널리틱스 360 기능을 알아보고 BigQuery, Google Marketing Platform 제품, Google Ad Manager 와의 통합을 통해 얻을 수 있는 이점을 알아보세요.	Google 태그 관리자가 마케팅 담당자, 분석가, 개발자의 태그 구현 및 관리 절차를 어떻게 간소화해 주는지 알아봅니다.
→	→	→	→

추가 과정은 영어로만 제공됩니다. 과정을 보려면 이 페이지의 오른쪽 하단에서 언어 설정을 영어로 변경하세요.

[그림 5-1] 구글 애널리틱스 무료 아카데이 과정

유료 로그 분석기

유료 로그 분석기에는 네이버(NHN)에서 만든 에이스카운터, 넥스트웹 등이 있다. 유료 로그 분석기는 한국 쇼핑몰, 광고 시장에 특화된 더 디테일한 로그 분석 기능을 제공한다. 가령 유료 로그 분석기는 어느 유입 채널에서 어느 키워드로 어떤 광고를 통해 유입 돼서 클릭이 얼마나 있었으며 어떤 활동들을 하고 나갔는지 등의 디테일한 분석 기능을 제공한다. 게다가 각종 SNS 유입에 대한 디테일한 정보도 제공하고 있으며 전환 페이지의 유입 출처 및 모바일앱 유입에 대한 분석 기능도 제공한다. 에이스카운터의 경우 네이버 광고, 유입에 대해서는 더욱 디테일한 분석이 가능하다.

무조건 성공하는 온라인 유통&마케팅

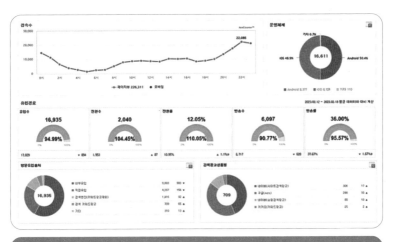

간편 결제 서비스

블로그, 인스타그램, 페이스북 등의 SNS에서 판매를 할 때 자주 겪는 문제 중 하나는 주문 처리와 결제 시스템이다. 별도의 쇼핑몰이 아닌 경우, 무통장 입금만으로는 한계가 있으며, 결제 시스템이 따로 마련되지 않은 경우가 많다. 이때 유용하게 사용할 수 있는 것이 간편 결제 서비스다.

간편 결제 서비스는 판매자와 구매자 모두에게 링크 하나로 간편하고 빠르게 주문과 결제를 처리할 수 있는 시스템을 제공한다. 이를 통해 블로그, 카카오스토리, 페이스북, 인스타그램, 카카오톡 등의 SNS에서도 별도의 쇼핑몰 없이 주문서 관리, 배송 관리, 결제 시스템을 이용할 수 있다. 2015년부터 서비스를 시작한 블로그페이, 스룩페이 등이 대표적이다. 각 업체마다 서비스 내용이 조금씩 다르며, 간편 결제 외에도 주문 정보 관리, 모바일 쇼핑몰 및 앱 구축, 인스타그램 쇼핑 태그 연동 등의 추가 기능을 제공하기도 한다.

간편 결제 서비스를 이용하려면 기본적으로 보증보험에 가입해야 하며, 보증보험 가입액에 따라 월 결제 승인 한도가 다르다. 결제 수수료는 신용카드 3.4%, 휴대폰결제 3.8~5%, 계좌이체 2.3% 정도이며, 결제 금액이 커질수록 수수료 협상이 가능하다. 결제 대금 정산은 최대 D+5일 정도 걸린다. 각 업체별로 홈페이지에서 서비스와 비용을 확인한 후 자신에게 맞는 업체를 선택하면 된다.

블로그페이

2015년에 국내 최초로 간편 결제 서비스를 시작한 원조 업체이며 현재 SNS 간편 결제 시장에서 국내 브랜드 밸류 1등 업체이다. 블로그페이 안에 페이앱이라는 별도의 결제 시스템이 장착되어 있고 무료 SMS·알림톡, 별도 모바일 쇼핑몰·모바일

블로그페이
홈페이지

앱 제공 등의 추가 서비스를 제공한다. 블로그페이는 사업자등록을 한 개인·법인 사업자뿐만 아니라 사업자등록을 하지 않은 개인도 이용이 가능하다는 장점이 있다.

무조건 성공하는 온라인 유통&마케팅

스룩페이

스룩페이는 전자결제 PG 업체로 유명한 KG이니시스가 콘텐츠 공유 플랫폼인 스룩과 손잡고 만든 간편 결제 서비스이다. 스룩페이를 가입하고 KG이니시스를 가입하게 되면 신용카드 추가 우대 수수료 혜택도 가능하다. 스룩페이는 30초 초고속 상품 등록, 무통장 자동 입금 확인, 카카오 알림톡, 인스타그램 연동 서비스 등을 추가 제공한다.

스룩페이 홈페이지

결제 대금 선정산 서비스

소셜커머스에서 판매하는 업체들은 결제 대금 정산 문제로 머리가 아플 것이다. 소셜커머스의 경우 최종적으로 결제 대금을 모두 받는데 거의 60~70일 정도로 온라인 유통 채널 중 정산 주기가 가장 길다. 소셜커머스에서의 매출이 늘어나면 늘어날수록 긴 정산 주기로 인해 묶이는 자금은 더욱 커진다. 소셜커머스에서 판매하는 판매자들을 대상으로 일정 수수료를 받고 소셜커머스의 결제 대금을 선정산 해주는 서비스들이 있는데 이런 서비스를 이용하면 자금 유동성을 확보할 수 있다.

비타페이

비타페이는 G마켓, 옥션, 11번가 등의 오픈마
켓 및 쿠팡 대상 정산 서비스이다. 일반적인 오픈
마켓의 정산 기간은 고객이 구매 확정을 하지 않
는 경우 10일 이상, 쿠팡은 60일 이상 걸리게 되

비타페이 홈페이지

는데 이것을 선정산해주는 서비스이다. 비타페이는 매출의 80%
를 먼저 선정산 받을 수 있고, 나머지 20%든 반품이나 공제할 금
액 공제 후 실제 정산일 다음 날에 지급이 된다. 비타페이의 수수
료는 매출액에 따라 차등 적용되며 0.4~0.56% 정도이다 수수료가
엄청 적게 보일 수 있는데, 이 수수료는 '1일' 기준 수수료이기 때
문에 실제로 연 기준으로 환산하면 14%대로 환산되기 때문에 유
의해야 한다. 비타페이는 대출 서비스가 이니기 때문에 신용도나
타 대출 한도에 영향을 미치지 않는다.

올라

올라는 오픈마켓, 쿠팡, 올웨이즈, 전문몰 등의
선정산 서비스를 제공한다. 올라는 쇼핑몰 정산예
정금액에서 최대 90%까지 선정산이 가능하다. 선
정산 가능한 금액을 조회 후, 내가 필요한 금액만

올라 홈페이지

큼 선정산을 신청할 수도 있는데 평일 기준 오후 5시 이전 신청 시
당일에 선정산액이 지급되고, 오후 5시 이후 신청 시 다음 날 지급

된다. 특히 이용을 많이 하는 쿠팡 윙과 로켓그로스(판매자로켓)의 수수료는 1.2%, 로켓배송은 2%이고 VAT는 별도이다. 이 수수료는 신청 '건 별'로 책정되는데 올라의 쿠팡 선정산은 대출이 아니기 때문에 신용도에 문제도 없고, 다른 대출을 받을 때도 영향을 미치지 않는다는 장점이 있다.

KB셀러론

KB셀러론은 국민은행이 직접 운영하는 오픈마켓, 쿠팡, 전문몰 선정산 서비스이다. 제1금융권에서 직접 하다 보니 수수료가

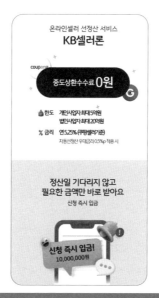

[그림 5-3] 국민은행 KB셀러론 선정산 서비스(출처: 국민은행 홈페이지)

가장 저렴해서 비용을 중시하는 셀러들이 많이 이용한다. 특히 쿠팡 판매자들이 많이 이용하는데 쿠팡에 입점만 되어 있어도 바로 신청할 수 있다. 올라처럼 필요한 금액을 신청할 수 있고, 신청 후 즉시 입금이된다. 수수료는 우대금리 적용하면 연 5.25%인데 KB 셀러론은 올라, 비타페이와는 달리 '대출'서비스이다. 그렇기 때문에 다른 대출을 고려한다면 한도에 영향을 미칠 수도 있기 때문에 잘 생각해 봐야 한다.

위에 소개한 업체들 외에 미리페이, 얼리페이 등의 업체가 있으니 꼼꼼히 비교해 보고 나에게 맞는 선정산 업체를 선정하면 된다.

무조건 성공하는 온라인 유통&마케팅

전 세계에서 식품과 다양한 상품을 수입하여 이마트, 롯데마트, 홈플러스 등 국내 대형 유통업체뿐 아니라 트레이더스, 홈플러스 스페셜 매장, 코스트코와 같은 맴버십 홀세일 클럽(MWC) 및 40여 개 유통업체와 거래하고 있는 ㈜유앤아이엔젤스는 상품 원가 절감과 물류 비용 절감, 그리고 업무 효율화를 위해 기존 물류 회사와 차별화된 서비스를 제공하는 전문 3PL 물류 회사인 ㈜유앤아이로직스를 설립하게 되었다. 이로써 유앤아이엔젤스는 국내외 유통망을 더욱 견고히 하고 있으며, 다양한 파트너들과의 협력 아래 물류 분야에서의 입지를 확대하고 있다.

㈜유앤아이로직스는 물류의 중심지인 충북 진천에 10,000제곱미터 규모의 대형 물류센터를 운영하며, 상품 보관, 소분 및 재포장, 그리고 이커머스 업체를 위한 온라인 3PL 서비스를 포함한 통합적 물류 서비스를 제공하고 있다. 이러한 전문 서비스는 특히 소규모 수입업체와 유통업체들로부터 큰 호응을 받고 있으며, 소규모 수입업체의 경우 기존 물류 업체에서는 상품 보관, 소분, 그리고 온라인 택배 발송을 한 번에 해결하기 어려웠지만, ㈜유앤아이로직스의 서비스를 통해 물류 비용을 크게 절감할 수 있게 되었다. 더불어, 전문 재고 관리 프로그램(WMS)을 도입하여 실시간으로 재고 현황을 확인할 수 있어 효율적이고 신속한 재고 관리가 가능해졌다.

또한, ㈜유앤아이로직스는 성장하고 있는 이커머스 시장에 진출하려는 많은 기업들의 물류 부담을 덜어주기 위해 진천 물류센터 내에서 온라인 택배 발송 업무까지 통합적으로 진행하고 있다. 이를 통해 물류 서비스 전반에 걸쳐 원활한 운영이 가능하며, 화주사들은 자사의 주요 업무에 집중할 수 있게 된다. 더불어, ㈜유앤아이로직스는 고객 화주사에게만 한정적으로 제공하는 서비스로, 거래 중인 40여 개 유통업체에 경쟁력 있는 상품을 제안하고 있으며, 이를 통해 판로가 제한적인 제조업체와 수입업체들에게 새로운 매출 채널을 제공함으로써 매출 증대에 크게 기여하고 있다.

○ 주소 : 충청북도 진천군 이월면 월촌1길 146

○ 전화번호 : 043-753-7222,

○ E-mail : dlee@unilogics.co.kr

CHAPTER 03

온라인 유통 마케팅을 통한 손쉬운 해외 수출 & 해외 판매

●●● '수출'이나 '해외 판매'라는 말을 들으면 어떤 느낌이 드는가? 수출 경험이 없는 업체라면 막막하게 느껴질 것이다. 실제로 수출은 쉽지 않다. 무역에 대한 지식이 없다면, 해외 바이어 찾기부터 수출 서류 준비, 운송, 관세, 계약 등 여러 과정에서 전문성이 요구된다. 그러나 온라인 유통이 활성화되면서 '수출'과 '해외 판매'가 예전보다 훨씬 간편해졌다. 한국에 있으면서도 아마존, 알리바바, 라자다와 같은 글로벌 플랫폼에서 상품을 판매할 수 있게 된 것이다.

예전에는 해외 바이어를 오프라인에서 직접 찾아 수출을 시도했지만, 이제는 B2C와 B2B 형태로 바로 해외 고객에게 판매할 수 있는 온라인 시장이 활성화되어 있다. 특히 제조업체나 자체 상품을 보유한 업체라면 그만큼 경쟁력이 있어 해외 판매가 더 수월하다. 이 책에서는 온라인을 통해 손쉽게 해외로 판매할 수 있는 유통 채널과 해외 수출 및 판매 지원 서비스에 대해 살펴보고자 한다.

해외 메이저 온라인 마켓 판매

먼저 해외 메이저 온라인 마켓에 입점해서 판매를 하는 방법이 있다. 국가별 주요 메이저 온라인 마켓들은 다음과 같다.

○ 미국

이베이, 아마존

○ 중국

알리익스프레스, 알리바바, 타오바오, 티몰

○ 일본

라쿠텐, 큐텐 일본

○ 동남아

라지다(베트남, 인도네시아, 싱가포르, 말레이시아, 태국, 필리핀), 큐텐 싱가폴 해당 마켓에서 실제로 판매를 진행하는 많은 한국인 셀러들이 있다. 이들은 주로 개인 셀러로, 국내의 글로벌셀러 교육기관에서 교육을 받고 판매를 하고 있다. 네이버에서 '글로벌셀러'를 검색하면 다양한 교육기관을 찾을 수 있다. 이곳에서는 세금, 통합 솔루션, 마케팅 등 다양한 지원을 제공하며, 교육을 통해 직접 판매할 수도 있다. 아마존, 타오바오, 라쿠텐 같은 경우는 일정 수수료를 지불하고 판매 대행업체를 이용할 수도 있다. '아마존 판매', '타오바오 판매', '라쿠텐 판매'를 검색하면 각 마켓의 판매 대행업체들을 쉽게 찾을 수 있어, 직접 판매가 어려운 업체들에게는 대행업체 이용이 좋은 대안이 될 수 있다. 또한 무역 실무 관련 교육기관을 활용하면 해외 수출과 수입이 더욱 수월하게 느껴질 것이다.

일본의 라쿠텐이나 중국의 티몰 같은 경우는 현지에서 사업자 등록을 해야 판매가 가능하므로 제약이 있고, 알리바바는 입점비로 약 천만 원이 필요하다. 아마존은 FBA Fulfilled By Amazon와 FBM Fulfilled By Merchant 방식이 있는데, FBM 방식은 셀러가 직접 포장하고 배송하는 방식으로, 한계가 있을 수 있다. FBA 방식으로 아마존 물류센터에 상품을 입고시킨 후 판매하면 더 높은 매출을 기대할 수 있다. 이베이, 큐텐은 입점과 판매가 비교적 쉬운 시장이며, 타오바오는 중국어가 가능해야 판매가 원활하다. 라자다는 한국 셀러들이 많이 판매해 왔으나, 최근 무재고 대량 등록으로 인해 무재고 셀러의 대량 등록 판매를 제한하고 있다.

쇼핑몰 통합 관리 솔루션 업체인 플레이오토에서는 해외 판매를 위한 통합 관리 솔루션인 플토 글로벌을 개발하여 서비스하고 있다. 플토 글로벌을 이용하면 아마존, 라자다, 이베이, 쇼피 등 다양한 해외 쇼핑몰에서도 판매가 가능하다

국내 오픈마켓의 해외 판매 서비스 이용

G마켓에서는 국내 오픈마켓이지만 해외 판매도 지원하고 있다. G마켓의 경우는 해외 판매를 지원하는 G마켓 영문샵과 G마켓 중문샵을 운영하고 있다. 주로 해외 교민 및 한류에 관심이 많은 외국인들이 이용하는데 굿즈 등 한류 관련 상품과 뷰티, 식품 등이 판매가 잘 된다. 2021~2023년 60만 개의 한국 상품을 외국에 판매해서 한국 상품의 해외 수출판로 개척에 이바지하고 있다. ESM plus 판매자센터에서 상품 등록을 할 때 해외 판매 여부를 선택할 수 있다.

국내 수출지원 사이트 활용 해외 판매

앞에서 언급한 내용들은 국내, 해외 쇼핑몰들을 활용한 주로

B2C 해외 판매에 관한 내용들이다. 국내에도 B2B, B2C를 지원하는 다양한 수출 지원 사이트들이 있는데 이런 전문 기관들을 이용해 해외 판매를 할 수도 있다. 해외 쇼핑몰에 직접 판매하기도 그렇고 해외 판매 대행업체를 쓰기도 망설여지는 업체는 이런 국내 수출 지원 사이트들을 활용하면 편하고 빠르게 해외 판매를 시작할 수 있다.

바이코리아

바이코리아는 전 세계 85개국, 10개 지역, 127개 무역관을 보유한 KOTRA(대한무역투자진흥공사)가 우리나라 제조·공급업체를 전 세계 바이어와 연결해 주기 위해 운영하는 글로벌 B2B e-마켓플레이스이다. 한국 상품의 해외 홍보, 해외 구매 정보

바이코리아
(BUYKOREA)
홈페이지

중개는 물론이고 국내 B2B e-마켓플레이스 최초로 온라인 거래 대금 결제, EMS 국제 배송 할인 서비스를 도입하는 등 우리나라 중소기업의 수출을 위한 원스탑 온라인 수출 마케팅 솔루션을 제공하고 있다.

바이코리아에 상품을 등록하면 검색엔진 최적화SEO를 통해 구글, 야후 등 해외에서 주로 이용하는 유명 검색엔진에 보다 잘 노출되어 해외 바이어로부터 인콰이어리를 수신할 수 있다. 바이코리아는 해외 바이어가 직접 등록한 구매 오퍼 이외에도 KOTRA

해외무역관에서 발굴한 구매 오퍼를 함께 제공하
는데 구매 오퍼를 등록한 잠재바이어에게 인콰이
어리를 송부하는 등 직접 연락을 취하면서 수출
기회를 창출할 수 있다. 또한 바이코리아는 한국
기업이 온라인으로 수출 거래 대금을 결제받을 수
있도록 온라인 신용카드 결제솔루션^{KOPS}을 제공하

바이코리아 입점
(코트라 홈페이지
에 들어가서 회원
가입하면 바이코
리아에 입점할 수
있다)

고 있는데 바이코리아 협력회사인 (주)올앳과 신용카드 결제가맹
점 계약을 통해 쉽고 편리하게 수출 대금을 지급받을 수 있다.

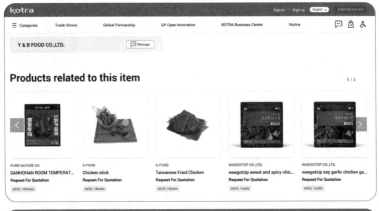

[그림 5-4] 바이코리아에 입점된 한국 상품들

Kmall24

Kmall24는 한국무역협회(www.kita.net)에서 운영하는 해외 판
매 전용 온라인 쇼핑몰이다. 현재 Kmall24가 자체적으로 운영하

는 영문, 중문 쇼핑몰 및 아마존, 이베이 등 글로 벌 쇼핑몰을 통해 전 세계 판매 중이며 국내 기업 의 온라인 수출 확대를 지원하고 우수한 한국 상품 을 해외에 알리고 있다. Kmall24는 한국을 사랑하

Kmall24 홈페이지

는 해외 팬들을 위한 한류 온라인 쇼핑몰인데 글로벌 결제 서비스 (신용카드·페이팔·알리페이)를 탑재하고 실시간 고객 상담 C/S 서비 스 및 해외 배송 대행까지 지원하고 있다. 또한 바이어의 대량 주 문 문의 유입 시 B2B 매칭 서비스를 통해 수출을 지원하고 있다.

대한민국에 소재한 업체라면 누구나 Kmall24 및 기타 서비 스를 무료로 이용 가능하며 무역협회 B2B 매칭 서비스(www. tradekorea.com)와 연계하여 B2C를 통한 B2B 수출을 지원한다. Kmall24 입점 업체 중 무역협회 회원사는 아마존, 티몰, 아마존 재팬 등의 해외 오픈마켓에서도 상품을 판매할 수 있도록 지원하 고 있다.

① Kmall24 입점 프로세스

STEP 1. KMALL24 입점 자격 확인

- 입점 대상: 본사 소재지가 대한민국인 제조·유통기업·개인, 간이사업자 불가 (면세 과세자 가능)
- 판매 가능 상품 패션, 뷰티, 유아, 생활용품, 문구&학생용 등 국내브랜드 소비재 (동일 수수료를 통한 해외 배송이 가능한 상품이어야 하며 20kg 이하, 신모델일 것, 수입브랜드 판매불가, 일부 세련된 경우 운송 및 통관 상의 이유로 판매불가)

STEP 2. 해외 B2C 정보포털 (KMALL24.co.kr) 가입 및 서류준비

- Kmall24.co.kr에 가입하여 운영 이해하기
- 필요 서류 및 해외 수출에 필요한 재반 사항(통관규부분, 신고부문) 준비하기
  ① KMALL24 판매매장신청 다운로드(하단의 서명 필수)
    법령: 공지자 운영방침서 다운로드
  ② 국내 사업자 등록증
  ③ IBK 기업은행 정산서비스 약정 확인서
  ④ 통신판매업 신고증
    * 통관규유리는, 신고의무는 법령: 관세청 유니패스 바로가기(문의 1544-1285)

STEP 3. 기업은행 정산서비스(페이코스) 약정 체결하기

인근 기업은행 방문하여 외환통장 개설 및 페이코스 1.0 약정 체결하기

STEP 4. KMALL24 관리자 계정(KVS) 발급 신청하기

상기 서류 준비가 끝난 업체의 경우 kmall24 관리자 계정발급 가능

② Kmall24 운영 프로세스

STEP 1. 서류준비

- IBK 기업은행 내방 후 정산서비스 약정체결
- 관세청 통관고유부호, 신고인부호 획득
- Kmall24 판매약정서 날인

STEP 2. KVS(KMALL24 VENDOR SYSTEM) 계정 신청

- 준비서류 구비 후 Kmall24 입점신청

STEP 3. 입점사 교육

- 월 1회 판매자 교육 실시

STEP 4. 상품등록

- KVS 로그인 후 상품등록

STEP 5. 해외오픈마켓 등록

• 아마존, 티몰 등 오픈마켓 연계 상품등록지원

STEP 6. 상품 주문

• 해외 소비자 상품 구매

STEP 7. 국내 배송

• 국내 지정물류창고로 배송

STEP 8. 재포장해외배송

• 국내 창고 집하 후 해외배송

STEP 9. 구매자 수취

• 구매자 수취 후 7일간 반품 가능

STEP 10. 정산

• **IBK 기업은행을 통한 공급가 기준 외화 정산**
  (정산은 월 2회로 매월 5일, 20일이며 5일, 20일이 휴일인 경우 직접 영업일 정산)

Kmall24는 한국에서 무역에 대해 가장 전문적인 공인기관인 무역협회에서 운영하는 수출지원 서비스이기 때문에 해외 판매를 생각하는 모든 업체들은 한번 알아보고 도움을 받으면 좋다.

트레이드코리아

트레이드코리아TRADEKOREA는 한국무역협회에서 운영하는 B2B 수출지원 사이트이다. 국내 기업의 온라인 글로벌 시장 개척을 지원하고 국

트레이드코리아
홈페이지

내 수출 중소기업과 해외 기업과의 거래를 활성화하기 위한 e-Marketplace이다. B2B 해외 판매에 관심이 있는 업체들은 반드시 트레이드코리아를 활용해 보길 추천한다. 해외 전시회, 박람회에 비용과 노력을 들여 방문하지 않더라도 한국에서 해외 바이어를 발굴할 수 있는 좋은 기회이다.

트레이드코리아에서 지원하는 주요 서비스

① 빅바이어 상시 거래 알선

글로벌 유통 100대 바이어를 온라인상으로 초청하여 국내 업체와 상시적으로 거래 알선을 지원하는 무역협회의 온라인 거래 알선 서비스이다.

② 해외 바이어 구매 오퍼

무역협회로 들어오는 해외 바이어의 인콰이어리를 공개해 국내 업체의 수출 기회를 확대시켜 주는 서비스이다.

③ 해외 비즈니스 매칭 서비스

한국무역협회 해외지부 및 해외 마케팅 오피스에서 1:1 타깃 마케팅 후 발굴된 복수의 바이어 정보 제공하는 서비스이다.

무조건 성공하는 온라인 유통&마케팅

④ 바이어 DB 타깃 마케팅

협회가 보유한 DB 검색을 통해 원하는 해외 바이어 정보를 무료 제공하는 서비스이다.

⑤ 업종·단체 해외 마케팅 지원

지자체·업종 별 단체의 수출유망품목 및 소속 업체에 대해 한국무역협회 본·지부가 융합하여, Minisite 제작, tradeKorea 온라인 관 구축, 해외 비즈니스 매칭 서비스 등 전반적인 온라인 수출 마케팅을 지원하는 서비스이다.

⑥ SNS 활용 수출마케팅 지원

SNS를 통해 해외 바이어에게 tradeKorea 국내 회원의 기업·정보를 홍보하고, 관심 있는 바이어와의 매칭을 지원해 주는 서비스이다.

⑦ Minisite 제작지원 사업

유망 수출 기업에게 무료 영문 Minisite를 제작해 주는 서비스이다.

⑧ KEB하나은행 금융 우대 서비스

한국무역협회 tradeKorea.com과 KEB하나은행은 날로 급증하고 있는 온라인 무역거래에 대한 수출입금융 서비스를 지원하기 위하여, 수출입 계약 및 국내 업체 간 거래에 대해 아래와 같이 금융 우대 혜택을 제공하는 서비스이다.

⑨ 전시회 참가 바이어 재매칭 서비스 안내

국내외에서 개최된 글로벌 전시회에 참가한 바이어 중 지속적으로 소싱을 희망하는 유력 바이어를 섭외하여 온라인 매칭할 수 있도록 지원해 주는 서비스이다.

⑩ 온라인 거래알선 성공 스토리

한국무역협회 tradeKorea.com를 통하여 거래알선 성공 스토리를 제공하는 서비스이다.

트레이드코리아 입점

트레이드코리아 홈페이지에서 회원가입을 하고 이용하면 된다. 추가로 궁금한 사항들은 이메일(tradekorea@kita.net)이나 대표전화(1566-5114)로 문의하면 된다. 바이코리아, Kmall24, 트레이드코리아 외에도 EC플라자(www.ecplaza.net), EC21(www.ec21.com) 같은 해외 수출지원 사이트들도 있으니 참고하기 바란다.

그리고 한국무역협회와 대한무역투자진흥공사KOTRA에서는 다양한 무역·수출·해외 판매 관련 교육과 서비스, 컨설팅, 판매 대행 프로그램들이 다양하게 있으니 해외 판매나 수출을 생각하는 업체라면 반드시 제대로 알아보기 바란다. 이왕이면 무역·수출·해외 판매 쪽으로 수십 년의 경력이 있는 전문기관의 도움을 받는 것이 좋지 않겠는가? 만약 필자가 수출이나 해외 판매를 한다면 필자는 무역협회와 코트라의 홈페이지를 샅샅이 파악한 후 각종 교육에 참가하고 교육 강사나 기관 담당자에게 수출, 해외 판매 노하우를 알려달라고 붙들고 늘어질 것이다.

CHAPTER 04

온라인 유통 마케팅 필수 IT 프로그램

●●● 이번 챕터에서는 온라인 유통 판매·마케팅을 하면서 유용하게 이용할 수 있는 IT 프로그램들을 소개하고자 한다. 이런 유료/무료 IT 프로그램들은 당신의 시간, 돈, 노력을 아껴 줄 수 있다.

미리 캔버스(디자인 제작 프로그램)

미리 캔버스
홈페이지

저작권 걱정 없이 무료/유료로 상세페이지, 썸네일, 고퀄리티 PPT, 템플릿, 시각 자료, 포스터 등을 만들 수 있는 웹 기반 그래픽 툴이다. 망고보드가 국내에서 가장 유명했는데 미리 캔버스가 알려진 뒤로는 양대 산맥을 구축하고 있다.

특히 무료로 사용할 수 있는 기능들이 아주 강력해서 많은 사용자들이 적극적으로 이용하고 있다. 디자인 제작에 쉽고 빠르게 10분만 투자하면 되기에 딱히 전문 업체에 맡길 필요가 없어서 편리하다는 평가가 대부분이다. 허나 회원 가입을 하지 않으면 일부 기능이 제한되고 가입을 하더라도 프로 요금제를 사용하지 않으면 사진 편집에 제한적이다. 전문가 수준의 디자인을 하기는 힘들지만 미리 캔버스 자체가 일반인이 간단하게 디자인할 수 있게 제공되는 그래픽 툴인지라 큰 문제는 되지 않는다.

모바일 FAX(휴대폰으로 FAX를 보낸다)

모바일로 FAX를 보낼 수 있게 해주는 모바일 무료 어플이다. 이젠 팩스를 보낼 때 모바일 폰을 이용해서 간단하게 보낼 수 있다. 굳이 사업을 하면서 FAX를 구매할 필요가 없다. 구글 Playstore에서 '모바일 팩스'라고 검색해서 다운받으면 된다.

PUSHBULLET(PC로 문자메시지 발송)

PC로 문자메시지를 보낼 수 있게 해주는 안드로이드폰 전용 모바일 어플이다. 이 외에도 안드로이드폰과 PC 간에 간단한 데이터를 교환할 수 있다. 온라인 판매를 하다 보면 고객·거래처와 문자메시지를 보낼 일이 많은 데 그때 유용하게 사용할 수 있다.

네이버 웨일 브라우저(PC에서 모바일 화면을 본다)

네이버에서 만든 브라우저인데 PC에 나오는 화면을 그대로 모바일 화면으로 볼 수 있는 기능을 제공한다. 오픈마켓, 소셜커머스, 스마트스토어 등의 모바일 화면을 PC로 확인할 수 있다. 그리고 '스페이스' 서비스를 이용하면 화면을 반반 나눠서 동시에 2개의 웹페이지를 보는 것도 가능하다. 웹페이지 캡처 기능도 아주 유용하게 사용할 수 있다.

Bitly(단축 URL 생성)

긴 링크 주소를 짧게 줄여주는 서비스이다. 블로그나 카페, 웹

사이트에 글을 쓸 때 특정 링크 주소를 넣을 때가 있는데 이때 링크 주소가 너무 길면 가독성이 떨어지고 지저분해 보인다. 이때 Bitly를 이용해서 링크 주소를 짧게 만들면 가독성도 좋아지고 해당 Bitly 단축 주소를 클릭한 숫자도 알 수 있게 된다. 그리고 특정 게시물에 대해 클릭 숫자를 알 수 있기 때문에 온라인 마케팅의 성과를 측정하는데 매우 유용하게 쓰일 수 있다. 아래 통계표를 보면 알 수 있듯이 일자별 클릭 수, 유입 경로, 유입 국가 등을 매일 확인할 수 있다.

예쁜 무료 폰트
(한나체 · 주아체 · 도현체 · 연성체 · 기랑해랑체)

음식 배달 앱으로 유명한 배달의 민족에서 배포한 예쁜 디자인의 무료 폰트이다. 배달의 민족을 통해 워낙 많이 알려진 폰트이다 보니 사람들에게 친숙한 폰트이다. 네이버에서 무료 폰트들을 제공하는 데 이용하면 좋다. 상업적으로 판매하는 거 이외의 사용은 허용된다.

포토스케이프(이미지 편집 프로그램)

사진 및 각종 이미지를 쉽게 편집할 수 있는 프로그램이다. 포토스케이프의 기본 콘셉트는 사용자가 디지털카메라나 휴대전화로 찍은 사진 및 기타 이미지들을 '쉽고 재밌게' 편집하도록 하는 것이다. 포토스케이프는 심플한 사용자 인터페이스를 통해 이미지의 색상 조절, 자르기, 보정, 인쇄, GIF 애니메이션 등의 일반적인 이미지 편집 기능을 실행할 수 있다. 간단한 이미지 작업은 포토샵 대신 포토스케이프로 쉽게 가능하다.

망고보드(디자인 제작 도구)

카드뉴스, 인포그래픽, 포스터, 배너, 유튜브 썸네일, 프레젠테이션, 상세페이지 등 제작에 이용되는 디자인 도구이다. 특히 카드뉴스로 유명해진 프로그램인데 영상 제작 기능까지 가능하다. 온라인, 모바일, 인쇄용까지 다양한 디자인 템플릿을 잘 활용하면 누구나 고퀄리티 디자인을 할 수 있다.

픽픽(캡처 프로그램)

화면을 캡처할 때 유용한 무료 프로그램이다. 간단하게 원하는 영역을 선택해서 캡처할 때 편리하고 캡처를 한 모든 이미지들은 자동저장 기능을 통해 저장할 수 있다.

오캠(동영상 녹화 프로그램)

오캠oCam은 간단한 조작만으로 컴퓨터 화면 및 게임을 쉽게 동영상으로 녹화할 수 있는 프로그램이다. 모니터에 표시되는 화면의 동영상과 소리를 녹화하고 녹음할 수 있다. 특히 다양한 동영상 플레이어의 화면과 유튜브 등 동영상 스트리밍 화면도 쉽게 저장할 수 있으며, 무엇보다 20분 이상의 장시간 녹화도 무료로 제공한다는 점이 큰 장점이다.

캠스캐너(CamScanner)

핸드폰으로 문서를 스캔하면 바로 고화질 PDF 파일을 생성 가능하게 해주는 모바일 애플리케이션이다. 문서 스캔, 저장, 관리,

공유, 그리고 동기화 기능을 지원해서 핸드폰을 휴대용 스캐너, 팩스, PDF 변환기, 텍스트 변환기로 사용할 수 있게 해준다. 구글 플레이스토어에서 'Camscanner'를 검색해서 다운받으면 된다.

픽사베이(무료 이미지 사이트)

사람들에게 가장 많이 알려진 무료 이미지 사이트이다. 160만 개 이상의 고퀄리티 사진, 일러스트레이션, 벡터 그래픽 등이 있는데 매일 업데이트된다. 물론 상업적으로 이용도 가능하다. 보통 블로그 및 개인 홈페이지 또는 SNS 용으로 저작권 없는 이미지를 찾을 때 유용하게 쓰인다.

FLATICON(무료 아이콘 사이트)

파워포인트 제작, 이미지 제작 시 다양하게 활용할 수 있는 무료 아이콘 사이트이다. 정말 다양한 아이콘을 찾아볼 수 있으며 아이콘을 움직이거나 회전, 상하좌우 반전도 가능하며 사이즈 조절도 가능하다.

무조건 성공하는 온라인 유통&마케팅

2CAPTCHA(보안 문자 자동 입력 프로그램)

마케팅을 하다 보면 보안 문자를 입력해야 하는 경우가 있는데 2CAPCHA 프로그램을 이용하면 자동으로 보안 문자를 입력할 수 있다. 단 유료이다.

> **Tip** | **프리랜서 재능 마켓 크몽**
>
> 온라인 유통을 하다 보면 디자인, 마케팅, 솔루션 쪽으로 외주를 주어야 할 일이 많이 생긴다. 이때 프리랜서 재능 마켓인 크몽을 이용하면 큰 도움이 될 수 있다. 크몽은 우리나라에서 가장 큰 프리랜서 재능 마켓인데 마케팅, 디자인, IT 개발자 등 다양한 전문가들이 본인의 재능을 판매하고 있다. 여러 전문가들이 본인의 재능을 판매하고 있는데 능력 있는 전문가들도 있지만 능력이 떨어지는 전문가들도 있어서 잘 선별해야 한다. 보통 판매 등록한 지 일정 시간이 경과하고 구매 건수가 많고 구매 후기가 좋은 전문가를 선택하는 것이 좋은데 구매 후기를 자작(?)하는 전문가들도 있으니 조심해야 한다. 일반 외주업체에 맡기는 것보다 가격 면에서는 훨씬 저렴한 편이고 능력 있는 전문가를 만나면 장기적으로도 큰 도움이 된다. 온라인 유통을 하면서 상세페이지 제작, SNS 마케팅, 각종 비즈니스 컨설팅, 디자인 작업, 콘텐츠 제작, IT 프로그래밍 등이 필요로 할 때 이용하면 좋다. 거래가 최종적으로 끝나기 전까지는 크몽에서 결제 대금을 가지고 있는 에스크로 서비스도 하고 있기 때문에 안정성도 어느 정도 보장된다.

온라인 유통을 하는 사업자라면 기본적인 온라인 유통 마케팅 용어를 알고 있어야 한다. 광고 대행사를 만나서 광고 대행 계약을 할 때 기본적인 온라인 마케팅 용어조차 모르고 상담을 진행한다면 얕잡아 보여서 불리한 조건으로 계약을 하게 될지도 모른다. 또한 온라인 유통 채널들의 MD들과 상담을 할 때도 내가 기본적인 온라인 마케팅 용어를 모른다면 상담이 원활하게 진행되지 않을 것이다. 필자의 책을 읽고 이제 온라인 유통 마케팅에 대해 강의, 책, 교육 등을 통해 더 집중적으로 공부하게 될 텐데 이때도 온라인 유통 마케팅 용어들의 기본 개념에 대해 알아야 하는 것은 필수적인 사항이다.

특히 온라인 유통을 할 때 필수적으로 따라오는 마케팅, 광고, 홍보 쪽은 이런 유통 용어를 반드시 알아야 제대로 진행을 할 수가 있다. 자주 보고 해당 관련 실무를 진행하다 보면 자연스럽게 개념이 머리에 정립될 것이다. 정말 다양한 온라인 유통 마케팅 용어가 있지만 우리 온라인 유통인에게 필수적인 용어만 정리해 보겠다.

✓ 대표 키워드

개별 업종 카테고리 상의 메인 키워드로 상품명, 브랜드 등 사용자 인지도가 높은 검색어로 포괄적이고 일반적인 의미의 키워드이다.

예 노트북, 원피스, 오렌지주스

✓ 세부 키워드

대표 키워드에서 한 단계 더 나아가서 명확한 범주나 세부적인 검색어가 추가된 키워드. 단일 상품명이나 서비스에 그치지 않고 관련 수식어 및 기타 설명 등을 조합해 만들 수 있는 키워드이다.

예 경량 노트북, 봄 원피스, 착즙 오렌지 주스

✓ 시즌 키워드

특정 시기나 계절에 따라 조회 수가 올라가는 키워드를 말한다.

예 수영복, 패딩, 빼빼로, 스노보드

✓ 핵심 키워드

집중해야 할 키워드를 의미한다. 보통 광고 전환 효과가 좋은 키워드를 뜻한다.

✓ 연관 키워드

포털사이트 또는 대형 쇼핑몰에서 제공해 주는 검색 키워드와 연관성이 있는 키워드를 뜻한다. 연관 키워드는 보통 실제 검색하는 사람들이 만들어가는 키워드인데 주로 세부 키워드와 겹친다.

✓ 자동완성 키워드

검색창에 키워드를 입력하면 해당 키워드를 검색하는 사람의 선호도 순서로 자동으로 배열해 주는 키워드를 말한다.

✓ 노출 Impression

광고나 상품이 고객에게 보이는 것을 말한다. 광고나 상품이 고객과 처음으로 만나는 접점을 말한다. 여기서 노출이 발생한 만큼의 횟수를 '노출 수'라고 한다.

✓ 도달 Reach

특정 광고나 메시지에 최소 한번 또는 그 이상 노출된 사람의 숫자를 말한다. 도달과 노출의 차이는 가령 1명이 특정 광고를 5번 보았다면 노출 수는 5이지만 도달 수는 1이라는 것이다.

✓ 랜딩 페이지 Landing Page

검색 광고의 텍스트나 배너 광고를 클릭했을 때 연결되는 페이지를 의미한다. 랜딩 페이지는 주로 광고주의 홈페이지나 이벤트 페이지로 연결된다. 랜딩 페이지 제작을 어떻게 하느냐에 따라 전환율 차이가 발생하기 때문에 전환율과 깊은 관계가 있다.

✔ PV(페이지뷰 Page View)

웹사이트 한 페이지에 사용자가 접속한 수를 세는 단위이다. 1명이 여러 번 접속할 수도 있기 때문에 페이지뷰 숫자가 방문자 숫자를 의미하는 것은 아니다

✔ UV Unique Visitor

순 방문자를 말한다. 사용자가 특정 웹사이트에 방문한 수를 나타내며 중복 방문을 제외한다. 실제 방문한 총 이용자 수를 파악하기 어렵고 고의로 숫자를 늘릴 수 있는 PV의 단점을 보완하는 차원에서 쓰인다.

✔ 체류 시간 DT, Duration Time

사용자가 웹사이트에서 머물다 떠나는 순간까지의 시간을 말한다. 체류 시간이 길면 길수록 사용자 활동이 많아지고 원하는 목적이 달성될 확률이 높기 때문에 PV와 함께 충성 고객을 파악하는 지표가 되기도 한다.

✔ 전환율 CVR, Conversion Rate

전환은 광고 등을 통해 웹사이트를 방문한 사람이 제품 구매, 장바구니 담기, 회원가입, 뉴스레터 신청 등 광고주가 의도한 행위를 취하는 것을 뜻한다. 광고 성과를 직접적으로 파악하는 중요 지표 중 하나이며

쇼핑몰과 같은 전자상거래 업종은 주로 고객 결제를 전환으로 잡는다. 전환률은 의도한 행위를 취한 비율로 '전환 수/유입 수×100'으로 표현된다.

✔ 이탈률 Bounce Rate

방문자가 특정 홈페이지를 방문하고 다른 홈페이지로의 유입 없이 한 페이지만 보고 나가는 경우를 반송 수라고 한다. 이때 방문 수 대비 반송 수의 비율을 이탈률이라고 한다. 이탈률은 '반송 수/방문 수×100'으로 표현된다.

✔ 리드 Lead

상품에 관심이 있는 소비자, 즉 '관심 고객'을 말하는 용어이다. 리드를 많이 만들고 유인하는 것이 단순히 노출이나 도달을 높이는 것보다 중요하다. 페이스북에서는 '리드를 딴다'라는 표현도 많이 사용된다.

✔ CPM Cost per Mille

광고비를 책정하는 방법의 하나이다. 1천 회 광고 노출 impression을 기준으로 가격을 책정하는 방식이다. 'Mille'은 라틴어로 '1천'을 의미한다. CPM은 '광고 비용/광고 노출 회수×1000'으로 계산된다.

✓ CPC Cost per Click

광고비를 책정하는 방법의 하나이다. 광고 노출impression과 관계없이 클릭이 한 번 발생할 때마다 요금이 부과되는 방식이다. 광고를 보는 사용자가 광고를 클릭할 때마다 게시자가 이익을 얻는다. 금액은 매체, 광고 상품, 입찰가에 따라 다르다. 웹 광고에서 흔히 쓰이며, 이를 적용하는 광고는 구글 애드센스, 애드워크, 네이버 클릭초이스 등이 있다. CPC는 '광고 비용/총클릭 수'로 계산되며 클릭 수는 '노출 수/클릭률'이다.

✓ CPA Cost per Action

광고비를 책정하는 방법의 하나인데 행동 당 단가를 의미한다. 잠재고객이 온라인상에 노출된 광고를 클릭하고 랜딩페이지에 진입해서 광고주가 원하는 특정 행동을 수행했을 때 과금하는 방식. 주로 구매를 기준으로 삼지만 상담 신청, 이벤트 참가, 다운로드, 회원가입, 애플리케이션 설치 등을 기준으로 삼기도 한다. 제휴 마케팅에서 많이 이용된다.

✓ CPI(Cost per Install)

모바일앱 마케팅에서 생겨난 용어다. 광고 노출impression과 관계없이 모바일 애플리케이션 설치 건당 요금이 부과되는 방식이다. CPA 방식의 하위 개념이다. 주로 모바일 게임과 관련해 많이 적용된다. 해외에서는 CPI를 따로 사용하기보다는 CPA로 묶어서 말하는 경우가 많다고 한다.

✓ CPV Cost per View

사람이 광고를 뷰(시청)한 만큼, 재생 당 비용을 지급하는 방식. 유튜브 같은 동영상 광고에서 진행되는 경우가 많다.

✓ CTR Click Through Rate

클릭률. 광고를 본 사람 중 클릭한 수가 얼마나 많은지를 보여주는 비율이다. 평균적으로 최고 0.1%, 최대 2% 안팎의 수치를 보인다. 클릭률이 높을수록 광고가 올바른 대상에게 노출됐다고 판단할 수 있다. CTR은 '클릭 수/노출 수×100'으로 계산된다.

✓ CPS Cost Per Sales

광고를 통한 구매 완료가 이루어졌을 때 수익을 나누는 방식을 의미한다. 영업 수익 배분 방식이다. CPS 형식의 광고가 광고주에게는 효과적이고 좋으나 일반적으로 광고업체 및 광고대행사들은 확실한 수익이 보장이 안 되기 때문에 꺼려하는 방식이다.

✓ 바이럴마케팅 Viral Marketing

바이러스처럼 빠르게 퍼진다는 의미의 광고 기법이다. 보통 블로그, 카페, 지식인 플랫폼을 통한 광고를 의미한다.

✓ 소셜미디어광고

페이스북, 인스타그램, 트위터, 네이버밴드, 카카오스토리, 유튜브 등 소셜미디어를 이용한 광고를 말한다.

✓ 스크래핑 Scraping

자동으로 시스템에 접속해 데이터를 화면에 나타나게 한 후 필요한 자료만을 추출해 가져오는 기술이다. 웹사이트에 있는 정보를 끄집어내 다른 사이트나 데이터베이스에 저장하기 때문에 웹스크래핑이라고도 한다. 데이터를 저장하므로 필요에 따라 수시로 조회가 가능하며, 저장된 데이터를 가공하여 비교 분석 자료로 활용할 수도 있다. 아마존, 이베이, 타오바오 등 해외 오픈마켓의 상품 상세페이지들을 스크래핑하여 국내에서 재가공해 국내 오픈마켓에 올려놓고 판매하는 경우도 있다.

✓ 크롤링 Crawling

온라인상에 분산되어 있는 문서를 수집하여 검색 대상의 색인으로 포함시키는 기술을 말한다. 포털사이트에는 가상의 봇들이 돌아다니며 크롤링을 한다. 최근 웹검색의 중요성에 따라 지속 발전하고 있다. 온라인 어뷰징 프로그램 중의 상당수가 크롤링과 스크래핑 기법을 이용하여 만들어진다.

✓ GIF Graphics Interchange Format

통신용 그래픽 파일형식으로서, 브라우저나 플러그인 등 사용자의 환경에 영향을 받지 않으면서도 제작이 용이하고 용량도 작아 대부분의 배너광고에서 사용되고 있는 광고 기법이다. 하지만, 인터랙티브한 요소가 떨어지고 적절한 용량에 맞추다 보면 이미지의 질이 떨어진다는 것이 흠으로 지적되고 있다. 우리나라에서는 '움짤'이라고 불리기도 한다.

✓ 쿠키 Cookie

웹브라우저에서 현재 상태를 보관하기 위해 임시로 사용하는 데이터 파일 이름 쿠키라는 것은 개인을 식별하기 위해 사이트가 발행하는 ID번호와 같은 것이다. 쿠키를 정기적으로 삭제해 주지 않으면 컴퓨터 사용자의 사용 경로가 추적이 된다.

✓ 픽셀 Pixel

모니터에서 표현되는 길이와 크기를 측정하는 단위. 그림을 구성하기 위한 최소 단위, 픽셀pixel, 혹은 화소畵素라고 한다.

✓ Traffic

특정 사이트의 사용자 접속 횟수, 혹은 방문하는 이용자의 수를 의미한다. 사용자가 많으면 '트래픽이 높다'라고 하면 사용자가 적으면 '트래픽이 낮다'라고 한다.

✔ **AE** Account Executive

대행사를 대표해서, 광고주와 연락 업무를 담당하는 사람으로서 광고주의 account를 집행하는 사람을 의미한다.

✔ **배너 광고** Banner Advertising

홈페이지 내에 띠 형태의 이미지를 만들어 노출하는 광고 형태를 말한다. 현수막과 비슷한 모양을 하고 있어서 배너banner광고라고 불린다. 대표적인 DADisplay Advertising 형태이며 일반적으로 불특정 다수를 대상으로 노출하지만 GDNGoogle Display Network과 같은 네트워크 광고의 경우 타깃팅 광고도 가능하다.

✔ **롤링배너 광고** Rolling Banner Advertising

배너광고의 한 형태로 하나의 배너에 한 광고주의 광고만 걸리는 것이 아니라 두 개 이상의 광고가 번갈아 가며 보이는 광고 형태를 말한다. 일정 시간이 지나면 배너 내의 광고가 바뀌거나 새로 고침 등 페이지에 리셋이 적용될 때 광고가 바뀌는 형식 등이 있다.

✓ 네트워크 광고 Network Advertising

네이버나 다음 등 특정 매체와 계약을 맺고 광고를 집행하는 것이 아닌 신문사 사이트들이나 각종 커뮤니티 사이트들의 배너에 동일한 광고를 집행하는 것을 말한다. 주요 포털 매체보다 상대적으로 저렴한 비용으로 여러 매체에 광고를 집행할 수 있으며 타깃팅이나 리타깃팅 등 특정 관심사를 가진 소비자들을 대상으로 광고가 가능하다. 대표적인 네트워크 광고로 구글 GDN이 있다.

✓ DA(디스플레이 광고 Display Advertising)

통상적으로 보는 웹사이트에서 사용자에게 노출되는 광고를 말한다. 포털 사이트의 메인 화면이나 뉴스 사이트에서 쉽게 볼 수 있다. 인터넷을 통해 할 수 있는 온라인 광고의 가장 기본적인 방식을 말한다. 배너, 이미지, 동영상 등 여러 가지 형태가 있을 수 있다.

✓ SA(검색 광고 Search Advertising)

검색엔진에서 검색어와 관련된 광고주 사이트를 검색 결과에 포함하는 광고를 말한다. '키워드 광고'라고도 한다. 한 키워드에 여러 광고주가 광고 요청을 하게 되면 경쟁 입찰을 통해서 노출 순위가 정해진다. 찾아오는 고객에게 광고를 노출한다는 점에서 이전 광고보다 적극적이고 적중률이 높은 광고로 여겨진다.

또한 검색하는 것 자체가 타깃팅이 된 상태이기 때문에 다른 광고에 비해 광고 효율이 상대적으로 높은 편이라고 평가된다.

✔ 보상형 광고 Rewarded AD

사용자에게 상품권, 포인트, 이모티콘 등 어떤 특정 보상을 지급하는 조건으로 앱 설치나 설치 후 행동을 유도하게 하는 광고를 말한다.

✔ 비보상형 광고 Non-rewarded AD

보상형 광고와 반대로 특별한 보상 없이 앱 설치나 앱 설치 후 행동을 유도하게 하는 광고다. 이전에는 보상형 광고가 주를 이뤘다. 하지만 보상만 받고 앱을 삭제하거나 사용하지 않고 이탈하는 경우가 많아져, 요즘에는 비보상형 광고로 진성 이용자를 더 끌어들이려는 전략을 많이 쓰는 추세라고 한다. 네이티브 광고 Native ad 해당 웹사이트나 앱 환경이 콘텐츠에 자연스럽게 결합해 있는 광고이다. 대표적으로 페이스북 뉴스피드에 올라오는 홍보 글, 뉴스 사이트에 일반 기사와 동등하게 배치되는 협찬 기사 등이 있다. 기존 광고와는 달리 매체나 콘텐츠의 주제에 자연스럽게 어울리는 광고이기 때문에 보는 사람이 상대적으로 거부감을 적게 느낀다는 점이 네이티브 광고의 장점이다.

✓ 리치미디어 광고 Rich Media AD

기존 텍스트 위주의 콘텐츠를 넘어 비디오, 오디오, 사진, 애니메이션 등을 혼합한 고급 멀티미디어 형식의 광고이다. 주로 텍스트 위주의 배너광고에 신기술을 적용해 풍부하다는 의미에서 '리치rich'가 쓰였다. 광고 위에 마우스를 올려놓거나 클릭하면 광고 이미지가 변하거나 동영상이 재생되는 등 이용자와 상호작용이 가능해 기존 방식의 광고보다 거부감이 낮고 주목도가 높은 편이라고 평가된다.

✓ 타게팅 광고 Targeting Advertising

불특정 다수에게 광고를 노출하는 것과 달리 특정 지역, 성별, 나이, 관심사, 구매내역 등 광고주가 원하고 필요한 계층에게만 광고를 맞춤식으로 노출해 효율을 높이는 광고를 말한다. 타깃팅을 하기 위해서는 정보, 데이터가 필요하다. 따라서 쿠키나 광고 아이디 등과 같이 타깃팅 광고를 실행할 수 있는 기반이 필요하다.

✓ 리타게팅 광고 Retargeting Advertising

타깃팅에 '다시re'라는 말이 붙어 있듯이, 특정 웹사이트나 앱을 방문하거나 행동을 취한 적이 있는 사용자를 대상으로 광고를 보여주는 방식의 광고를 말한다. 사용자가 웹이나 앱을 방문하면 쿠키나 광고 아이디와 같은 흔적이 남는다. 이 흔적을 기반으로 다른 웹페이지로 옮겨가더라도 사용자가 봤던 물품을 기반으로 광고가 나오는 식의 방식이다. 쿠키가 삭제되거나 광고 아이디가 재생성되면 집행하기 어렵다는 단점이 있다. 구글의 GDN 광고나 픽셀을 이용한 페이스북 타깃광고가 리타게팅 광고에 속한다.

✔ ROI(투자수익률Return Of Investment)

투자 대비 수익률로, 투자한 것에 대비해 합당한 이윤 창출을 만들어 내고 있는지를 보여주는 지표이다. 기업의 순이익 비율을 파악하고자 할 때 사용된다. ROI가 클수록 수익성이 크다는 것을 의미한다. 다양한 분야에서 널리 사용되는 용어이긴 하지만 상품을 홍보하고 판매 촉진해야 하는 마케팅 분야에서도 많이 쓰인다. ROI를 측정하기 위해서는 투자 비용Investment과 성과 및 부가가치Return 분석이 함께 필요하다. ROI는 '영업 이익/총비용×100'으로 계산된다.

✔ ROAS(광고 수익률Return On Ads Spending)

광고나 마케팅 효율 측정을 위한 지표이다. 집행하고 있는 캠페인이 어떤 상황인지 점검해 볼 수 있는 지표가 된다. 이를 바탕으로 마케팅을 어떻게 집행할 것인지 통찰을 얻을 수도 있다. ROAS는 '매출/비용×100'으로 계산된다.

✔ GDN Google Display Network

구글 디스플레이 네트워크의 줄임말로서 구글 배너 광고를 말한다. 구글 GDN 광고는 리타게팅 광고의 대명사이다.

✔ AIDA 이론

인간이 행동을 일으키기까지는 주의attention하고, 흥미interest를 갖고, 욕망desire을 느끼고 그리고 행동action을 한다는 커뮤케이션의 기초이론 중의 하나이다.

✔ KPI(핵심 성과 지표Key Performance Indicator)

기업이 달성해야 할 최종적인 목표를 위한 전략을 말한다. 과거 실적을 나타내는 것과 달리, 미래 성과에 영향을 주는 핵심 지표를 묶은 평가 기준이다. 예를 들어 달성하고자 하는 목표가 '매출 상승'이라면 KPI는 '전년도 대비 10% 매출 상승'과 같이 구체적인 수치를 말한다. 모든 수치적 데이터가 KPI가 될 수 있다.

> 예 **페이스북 핵심 성과 지표가 될 수 있는 것들**: 좋아요 수, 지역 비율, 성별 또는 나이 비율, 포스팅별 도달 수, 일일·주간·월간 포스팅 수

✔ 로그 분석 Log Analysis

광고주의 웹사이트에 접속한 사용자의 방문 수, 접속 경로, 페이지뷰,

체류시간 등 다양한 정보를 추출하고 분석하는 서비스를 말한다. 이 분석을 바탕으로 향후 온라인 마케팅 방안이나 웹페이지의 구조 변경 작업 등을 진행한다.

✔ 어뷰징 Abusing

오용, 남용, 폐해라는 뜻으로, 포털 사이트나 매체가 의도적으로 클릭 수를 늘리기 위해 조작하는 행위, 부정한 방식으로 트래픽을 늘려 수익을 챙기는 행위를 일컫는다. 정상적인 트래픽 유입이라기보다 봇, 컴퓨터로 이상 트래픽을 발생시키는 사기 수법이 대표적이다. 불법 프로그램을 활용해서 또는 타인의 계정을 도용해서 혹은 다중 계정을 활용해서 부당한 이득을 취하는 것이다.

✔ SEO (검색엔진 최적화 Search Engine Optimization)

검색엔진 최적화. 네이버, 구글, 다음 등과 같은 검색엔진은 사용자에게 최상의 정보를 전달하기 위해 특정 알고리즘을 통해 정보를 선별한다. 이 알고리즘을 잘 파악해 자신의 웹사이트 또는 콘텐츠가 검색엔진에서 잘 검색되게 하는 것을 검색엔진 최적화라고 한다. 검색엔진 최적화를 하는 방법은 각 검색엔진에 따라 다르다.

↳ 저자가 직접 운영중인 네이버 온라인판매/유통 커뮤니티 카페 "유통노하우연구회"

유통노하우연구회

회원수 6만명
국내 최대 온라인판매/유통판매
노하우 공유 커뮤니티

유통노하우연구회는 온라인판매/유통판매에 어려움을 겪고 있는 예비 창업자, 직장인, 온라인셀러, 제조업체, 수입업체 등을 위해 만들어진 온라인판매/유통판매 노하우 공유 커뮤니티다. 유통노하우연구회는 회원 각자의 실전 노하우/경험 공유, 온라인 마케팅 정보 공유, 온라인판매 궁금증 질의/응답이 주를 이루고 있다. 그리고 다양한 분야 온라인판매 전문가들의 수준 높은 실전 무료 칼럼만 봐도 온라인판매를 하는 데 큰 도움을 얻을 수 있다.

실제 현업에 종사하는 사람들도 궁금한 점이 많은데 가령 쿠팡 로켓 배송의 수수료/정산 조건은 무엇인지, G마켓 슈퍼딜 진행은 어떻게 하는

지, 스마트스토어 상위 노출 조건은 무엇이며 가구매 등 어뷰징을 하면 어떻게 되는지 등등 실전 온라인판매의 세부 정보들을 알고 싶어 한다. 유통노하우연구회에서는 매일 회원들 간에 이런 실전 온라인판매 정보 및 노하우들이 공유될 뿐만 아니라 회원들이 가진 다양한 상품들을 소싱할 수도 있다. 유통노하우연구회 내의 검색창에 키워드만 입력하면 웬만한 실전 온라인판매 정보/노하우 및 판매하기를 원하는 아이템들을 무료로 찾을 수 있다. 만약 찾고자 하는 내용이 없는 경우 카페 내에 질문 글을 올리면 해당 내용에 대해 알고 있거나 경험이 있는 회원들이 신속히 답변을 해준다.

또한 유통노하우연구회에는 벤더업체 등록 게시판이 운영되는데 여기에는 각 온라인/오프라인 유통채널의 전문 벤더들이 등록을 한다. SNS 공동구매, 복지몰/폐쇄몰, 할인점, 편의점, 뷰티 스토어, 종합몰, 중국/태국/동남아수출, 소셜커머스 전문 벤더들이 등록되어 있다. 만약 특정 채널에 벤더를 통해 입점/판매를 하고 싶은 회원이 있다면 이 게시판을 통해 전문 벤더를 선택하여 내 상품을 온라인/오프라인으로 판매할 수 있다. 현재 매월 1천 명씩 신규 회원이 가입하고 있으며 가입 회원의 만족도도 아주 높다. 카페에 신규 회원으로 가입만 해도 7가지 무료 선물(온라인판매 노하우 소책자, 3시간 분량 온라인판매 노하우 동영상강의, 도매사이트 아이템 선정 노하우 등)을 다운받을 수 있다.

온라인판매 마스터클래스 온라인 동영상 교육

☑ [초보자] 온라인판매 사관학교

교육 세부 설명
및 강의 신청

저자의 저서 『무조건 성공하는 온라인 유통&마케팅』
을 읽고 난 후 온라인판매에 대해 더 깊게 공부하고 싶은
사람들은 저자가 직접 강의하고 1:1 개인코칭까지 해주
는 총 30시간 85강 온라인 동영상 교육 '[초보자] 온라
인판매 사관학교'를 들으면 큰 도움이 될 것이다.

온라인판매
사관학교 온라인
동영상 교육 목차
및 교육사이트

☑ [심화] 온라인판매 사관학교

책에서 다룬 기초적인 내용에서 더 나아가서 온라인판매의 A부터 Z
까지 모든 것을 심화해서 다룬 국내 최초 마스터클래스 교육이다. 지면상
의 한계로 책에서 다루지 못한 내용과 공개적인 책에서 다루지 못하는 은
밀한 온라인판매 정보 및 노하우를 배울 수 있다. 온라인판매 초보자나
우수한 상품을 가진 생산자/제조업체/수입업체에게 큰 도움이 될 것이
다. 교육 신청은 유통노하우연구회 네이버카페에 회원 가입 후 전체 필독
공지에서 할 수 있다.

그럼 나는 어떻게
유통 마케팅을 해야 하나?

●●●　　　　　Part 1에서는 국내 유통의 과거, 현재, 미래와 온라인 유통 채널들을 다뤘고, Part 2, 3, 4, 5에서는 가성비 좋은 최신 유통 채널과 유통 마케팅 방법들을 설명했다. 다루는 내용이 많아 독자들이 소화하기 어렵거나 어떻게 시작해야 할지 고민될 수 있을 것이다.

책에서 소개한 방대한 유통 채널과 마케팅 방법을 모두 사업에 적용하기는 어렵고, 그럴 필요도 없다. 모든 일에는 궁합이 있다. 아무리 좋은 유통 채널과 마케팅 방법도 당신의 아이템과 맞지 않으면 소용이 없다. 하지만 전반적인 유통 채널과 최신 마케팅 기법을 알고 있으면, 지금 당장 활용하지 않더라도 성장에 도움이 될 것이다. 지금은 맞지 않더라도 다른 아이템을 취급하거나 새로운 사업을 시작할 때 유용할 수 있다. 공부는 할수록 시너지 효과를 발휘한다. 필자도 당장 필요한 분야만 공부했더라면 이처럼 방대한 내용을 다룬 책을 쓸 수 없었을 것이다. 다양한 유통 채널과 마케팅을 학습하며 쌓인 지식들이 서로 연결되어 필자의 성장을 이끌었다. 당신의 사업과 직접 관련이 없는 분야라도 공부하다 보면 새로운 아이디어가 떠오를 것이다. 최신 유통 채널과 마케팅을 배워두면, 창의적으로 응용할 수 있는 아이디어를 얻을 수 있다.

책에서 다룬 유통 채널과 마케팅 중 당신의 아이템과 궁합이 맞는 것들을 골라 바로 테스트해 보아야 한다. 여기서 중요한 것은 한 번 시도해 보고 결과가 좋지 않다고 쉽게 포기하지 않는 것이다. 다양한 방법으로 테스트하고 충분한 시행착오를 겪은 후에 결론을 내려야 한다. 예를 들어, 신선식품 전문몰인 마켓컬리에 입점했지만 판매가 부진하더라도 바로 포기하지 말아야 한다. 마켓컬리 MD와의 커뮤니케이션, SNS 마케팅, 네이버 콘텐츠 구축 등 여러 방식을 시도한 사람과 그렇지 않은 사람의 결과는 크게 다를 것이다. 그러므로 다양한 방법을 테스트하고 추가 마케팅 작업을 함께 진행해야 한다.

또한, 책에서 언급된 모든 마케팅 방법을 혼자서 다 하겠다는 생각은 버려야 한다. 당신에게 맞는 몇 가지 방법에 집중하고, 할 수 없는 부분은 제휴나 아웃소싱을 통해 해결해야 한다. 특히, 1인기업이나 소규모 업체라면 선택과 집중이 필요하다. 열 가지 방법을 대충 하기보다 한두 가지를 제대로 하는 것이 더 효과적이다. 실제로 소수의 유통 채널에 집중해 큰 매출을 올리는 업체들이 많다. 스마트스토어 하나만 잘 운영해도, 혹은 오픈마켓 하나만 잘해도 월 순수익 1~2천만 원은 충분히 가능하다.

당신이 직접 할 수 없는 유통 채널 입점이나 마케팅은 신뢰할 만한 벤더업체나 대행업체를 통해 해결하는 것이 좋다. 다만, 그들이 당신의 상황에 맞는지 검토해야 한다. 큰 업체가 꼭 좋은 대행사가 아니라, 당신의 아이템에 맞는 업체를 찾아야 한다. 마케팅 대행을 맡기더라도 해당 분야에 대한 기초적인 지식이 있어야 효율적으로 일을 진행할 수 있다. 결국 본인이 가장 잘 아는 것은 자신의 상품이다. 따라서, 대행을 맡기더라도 기본적인 지식이 있어야 대행사와 원활하게 소통할 수 있다.

필자는 지면의 한계로 인해 온라인 유통과 마케팅의 디테일한 내용까지는 다루지 못했다. 예를 들어, 네이버 콘텐츠 구축, 스마트스토어 판매, 인스타그램, 페이스북 판매 등을 자세히 다루자면 각각 책 한 권씩 나올 정도로 방대하다. 그래서 이 책에서는 핵심 내용만 다루었다.

유통 경험이 많은 독자라면 충분히 본인의 사업에 응용할 수 있겠지만, 예비 유통인이나 초보자들에게는 책만으로는 적용하는 데 어려움이 있을 수 있다. 이를 보완하기 위해 필자는 동영상 심화 강의 프로그램인 '온라인판매 사관학교'를 운영하고 있다. 책에서 다루지 못한 세부 마케팅 노하우와 30시간 분량의 강의를 제공한다. 군이 강의를 듣지 않더라도 네이버 유통카페 '유통노하우연구회'에 가입해 다양한 실전 정보와 노하우를 얻을 수 있다.

유통 초보자들이 명심해야 할 세 가지 격언은 필자의 첫 번째 책 『매출 100배 올리는 유통 마케팅 비법』에서도 언급되었다.

첫째, 좋은 상품이 잘 팔리는 것이 아니라 잘 팔리는 상품이 좋은 것이다.

필자도 25년 전 대기업 상품 개발팀에서 사회생활을 시작했을 때 그랬다. 많은 시장조사와 테스트를 거쳐 출시된 좋은 상품이 안 팔린다는 것은 말이 안 된다고 생각했다. 그러나 유통과 마케팅을 경험하고 공부하면서 생각이 바뀌었다. 대부분의 상품이 우수하기 때문에 결국 잘 팔리는 상품이 좋은 상품이라는 것이다. 효율적인 유통과 마케팅을 통해 상품이 잘 팔리게 하는 것에 집중해야 한다. '좋은 상품인데 사람들이 몰라줘서 안 팔린다'라는 말은 이제 그만하자.

둘째, 유통에서는 매출이 인격이며 유통은 숫자로 말한다.

대형 유통업체 MD나 바이어를 만나면, 그들이 첫 번째로 묻는 것은 업체의 매출과 해당 상품의 월 매출이다. 매출은 객관적인 숫자로, 상품에 대한 대중의 선호도를 나타낸다. 매출이 높은 상품은 유통업계에서 신뢰받는다. 반대로 다른 조건이 좋더라도 매출이 적다면 유통업체 입장에서 치명적이다. 따라서 매출은 유통업계에서 신뢰의 중요한 지표이다.

셋째, 세 발 앞선자 망한 사람, 두 발 앞선자 빛을 못 본 사람, 한 발 앞선자 성공한 사람

상품을 기획할 때 시대를 너무 앞선 상품(세 발 앞선자)은 망하고, 시장이 형성되기 전에 출시된 상품(두 발 앞선자)은 빛을 보지 못한다. 그러나 딱 한 발 앞선 상품은 성공할 가능성이 크다. 특히 시즌성이나 트렌드 상품은 적절한 시기에 출시해야 제값을 받고 팔리며, 선점 효과로 매출도 올릴 수 있다. 너무 앞선 상품은 시장이 올 때까지 기다려야 한다.

오늘날 온라인 시대의 변화는 매우 빠르다. 필자가 책을 집필하면서도 유통 마케팅 상황이 계속 바뀌어 수정 작업이 많았다. 카카오톡 스토어의 입점 정책 변화나 스마트스토어의 상품 등록 제한 등은 그 예다. 변화무쌍한 유통 환경에서 정보를 꾸준히 수집하고 공부해야 한다. 좋은 상품을 찾는 것도 중요하지만, 필자는 유통과 온라인 마케팅 능력이 더 중요하다고 생각한다. 유통과 마케팅 지식이 있으면 웬만한 상품은 다 팔 수 있다. 같은 상품이라도 누가 판매하느냐에 따라 결과는 크게 달라진다.

필자는 두 가지를 강조하고 싶다. 첫째, 끊임없이 유통과 마케팅을 공부하라는 것, 둘째, 계획한 것을 반드시 실행하라는 것이다. 필자의 책이나 강의를 보고 실행하지 않으면 의미가 없다. 실패하더라도 실행을 통해 배울 수 있으며, 부족한 점을 깨닫고 더 나아갈 수 있다. 필자는 많은 사람들이 책이나 강의를 수강하지만, 실천하지 않아 성과를 내지 못하는 경우를 자주 보았다. 아무리 많이 알아도 실행하지 않으면 소용없다. 실패를 두려워하지 말고 실행하라.

필자의 책이 당신의 유통 활동에 도움이 되고, 나아가 인생을 바꾸는 데 기여하기를 바란다. 이 책을 두세 번 정독하면 유통에 대한 시각이 달라지고, 자신감을 얻게 될 것이다. 유통 마케팅을 열심히 공부하여, 주변의 유통하는 지인들이 아마추어로 보이는 경험을 하길 바란다.

- 유노연

＊참고 문헌

『매출 100배 올리는 유통 마케팅 비법』 유노연, 중앙경제평론사

『리테일매거진 24년 1월호』 코카리테일인사이트

『스마트스토어 마케팅』 김태욱, 임헌수, 이코노믹북스

『온라인 마케팅의 함정』 이상규, 나비의 활주로

『바보야, 문제는 유통이야!』 박근창, 최일식, 더블유미디어

『1등 온라인 쇼핑몰의 비밀』 오완구, 라온북

『페이스북인스타그램 통합마케팅』 임헌수, 최규문, 이코노믹북스

『홈쇼핑 판매 불변의 법칙』 이상발, 스포트라잇북

『네이버 마케팅트렌드 2018』 오종현, e비즈북스

<오씨네 학교> 오종현, 동영상강의

<전옥철 아이보스 유통칼럼> 전옥철, 아이보스 홈페이지

<입소문 마케팅> 고영창, 오프라인 교육